23.50

Mario Benedetti
Literatur und Revolution
Essays, Lateinamerika
rotpunktverlag

Mario Benedetti

Literatur und Revolution

Essays, Lateinamerika

aus dem uruguayischen Spanisch
ins Deutsche übersetzt von
Vilma Hinn

rotpunktverlag

Vom Verfasser autorisierte Übersetzung von Vilma Hinn. Titel der Originalausgabe: *El escritor latinoamericano y la revolución posible.* Erschienen bei "Editorial Alfa Argentina S.A.", Buenos Aires 1974. Spätere Auflagen in Koproduktion mit "Editorial Nueva Imagen S.A.", Mexiko.

Oktober 1985, erste Auflage

Satz: Studio 12, Basel
Druck: Fuldaer Verlagsanstalt, Fulda
Umschlag, Gestaltung, Layout: Heinz Scheidegger
Lektorat und Korrektorat: Andreas Simmen und Jeannine Horni
Verlagsadresse: rpv, Postfach 397, CH-8026 Zürich, Tel. 01/241 84 34
Auslieferungen: Schweiz: AVA (buch 2000) Postfach 89, 8910 Affoltern a.A.
BRD: Prolit, Postfach 1110089, 6300 Giessen 11
Berlin: Regenbogen, Seelingstr. 47, 1000 Berlin 19
Österreich: Karl Winter, Landesgerichtsstr. 20, 1010 Wien
ISBN 3-85869-033-3
Printed in Germany
Bitte verlangen Sie unseren Gesamtprospekt

Inhaltsverzeichnis

Vorwort des Autors zur deutschen Ausgabe

Hispanoamerikanische Literatur gelangt immer noch mit beträchtlicher Verspätung in die europäischen Sprachräume und auf die entsprechenden Buchmärkte (Spanien bildet hier die natürliche Ausnahme); umgekehrt liegen spanische Übersetzungen von guten englischen, deutschen, französischen oder italienischen Autoren ohne grosse zeitliche Verzögerung in den Buchhandlungen von Buenos Aires, Mexiko, Caracas und Montevideo vor. Ferner handelt es sich bei den wenigen hispanoamerikanischen Werken, die in europäische Sprachen übersetzt werden, fast ausschliesslich um Romane. Die Gattung *Essay* findet wenig Anklang. Dem deutschsprachigen Leser könnte also ein Buch wie *Literatur und Revolution* mit Arbeiten aus den Jahren 1968 bis 1973 etwas unzeitgemäss erscheinen, und es mag daher nützlich sein, hier kurz auf den Zusammenhang hinzuweisen, in dem sie geschrieben worden sind.

In eben jenen Jahren entwickelten sich in Lateinamerika heftige Auseinandersetzungen — ausgelöst fast immer durch sehr konkrete Konflikte, verfahrene Situationen, die einen immer wieder vor eine beschränkte Wahl stellten — über das politische Engagement des Schriftstellers und über eine Teilnahme des Intellektuellen an den gesellschaftlichen Veränderungsprozessen. Dabei wurde ein breites Spektrum von Ansichten vertreten — von der ausweichenden oder *elitären* Position bis zur Position der Verfechter einer schematisch-manichäischen Kampfschriftliteratur.

Obwohl ich mich an jenen Debatten mit der Leidenschaft des Betroffenen beteiligte, glaube ich doch, dass ich in der Mehrzahl der hier vereinigten Texte für eine realistischere, rationalere Haltung eingetreten bin, nämlich einerseits dafür, dass der Schriftsteller niemals auf die strengen künstlerischen Kriterien verzichte, dass er auf der andern Seite aber auch seinen gesellschaftlichen Verpflichtungen nicht ausweiche. Natürlich können die Vorstellungen, die in diesen Arbeiten entwickelt worden sind ebenso wie diejenigen anderer Autoren (Roberto Fernández Retamar, Jaime Mejía Duque, David Viñas, Néstor García Canclini, Nelson Osorio, Ariel Dorfman und viele andere) noch keine Garantie dafür abgeben, dass wir heute, zehn Jahre später, bereits Teil einer Befreiungskultur wären.

Ein gewisser rauher Ton gegenüber dem Europäischen wird den deutschsprachigen Leser vielleicht etwas befremden. Natürlich richten sich diese Angriffe nicht gegen den Leser, der mit einem gerechtfertigten kulturellen Interesse an diese Arbeiten herangeht. Vielmehr richtet sich die Kritik gegen eine gewisse Oberflächlichkeit und mangelnde Kenntnis, mit denen einzelne europäische Intellektuelle und Journalisten — mitunter auch mit der *Absicht,* zu entstellen — einer Welt gegenübertreten, die so vielfälltig und lebensvoll ist wie *unser* Amerika.

Beim Wiederlesen dieser zehn Aufsätze, heute, im Jahre 1985, das uns vor andere Probleme stellt (ebenso dringende oder vielleicht noch brennendere, die neue und zusätzliche Überlegungen erheischen), finde ich einige Ausführungen überflüssig, andere fehlen, und noch andere kommen gelegentlich etwas unreif daher. Mitunter finden sich auch noch schüchterne Ansätze, die sich im Laufe späterer Erfahrungen und vor allem in meinen zwölf Exiljahren in feste Überzeugungen verwandelt haben. Dennoch habe ich es vorgezogen, sowohl in den acht lateinamerikanischen Auflagen wie jetzt auch in dieser ersten deutschen Fassung, die Texte unverändert zu lassen; einerseits wäre es nicht ehrlich, dem später Gelernten eine rückwirkende Wertung zu verleihen, und zum andern würde eine Aktualisierung das Buch wahrscheinlich um eine gewisse kämpferische Spontaneität bringen, die doch ein unverwechselbarer Zug jener so verworrenen und problematischen Jahre gewesen ist. Allerdings muss ich auch gestehen, dass ich, im wesentlichen, und vom Methodischen einmal abgesehen, über die ewig gleichen brennenden Themen, die zur Diskussion anstehen, immer noch annährend das Gleiche denke.

Mario Benedetti
Madrid, August 1985

Vorbemerkung des Verlages

Die Gattung des Essays aus andern Kulturkreisen hat es hierzulande nicht leicht. Zwar ist es mittlerweile kein Geheimnis mehr, dass die lateinamerikanische Literatur eine der lebendigsten und bedeutendsten Literaturen dieser Zeit ist. Aber die Reflexion über diese Literatur und über die Bedingungen ihres Zustandekommens wollen sich unsere Studienräte und Starkritiker immer noch als ihre eigene Domäne erhalten. Das lateinamerikanische Nachdenken über die eigene Kultur wird weitgehend ignoriert.
Die im vorliegenden Band vereinigten Essays von Mario Benedetti definieren eine bestimmte Position in der lateinamerikanischen Kulturdebatte in exemplarischer Weise. Obwohl sie zehn oder mehr Jahre alt sind, haben sie im Grundsätzlichen nichts von ihrer Aktualität eingebüsst. Einige der Themen sind für uns Europäer nicht unbekannt. Neu dürfte für uns sein: die ganz andere Perspektive, aus der Benedetti schreibt. Wir selber, die "europäischen Intellektuellen", werden zum Beispiel Gegenstand seiner Ausführungen und seiner Kritik.
Das Fehlen einer eigentlichen Kulturvermittlung vom lateinamerikanischen zu unserem Kulturkreis macht sich bei der Herausgabe einer Essay-Sammlung wie der vorliegenden schmerzlich bemerkbar. Die dortige Kulturtradition, auf die eine selbstbewusste, neue Generation von Lateinamerikanern mit Selbstverständlichkeit zurückgreift (um sie zu benützen, nicht um Denkmäler zu errichten) ist in Europa und insbesondere im deutschen Sprachraum so gut wie unbekannt geblieben. Wir haben versucht, die Schwierigkeiten etwas zu mildern,. die sich aus diesem Mangel an Kulturvermittlung für hiesige LeserInnen ergeben, indem wir der deutschen Ausgabe einige erklärende Anmerkungen beifügten und im Text die Erscheinungsjahre der erwähnten (und grösstenteils unübersetzten) Werke ergänzten.

Hier die Quellen der einzelnen Essays: "Das persönliche Zeugnis und seine Grenzen" erschien erstmals in La Opinión, *Buenos Aires 1973. "Unterentwicklung und das Wagnis der Literatur" wurde im Auftrag der UNESCO verfasst und erschien in der Anthologie* América Latina en su Literatura, *hrsg. von César Fernández Moreno, Mexiko 1972. "Der lateinamerikanische Schriftsteller und die mögliche Revolution" erschien gleichzeitig in den Zeitschriften* Casa de las Américas *in Havanna und* Crisis *in Buenos Aires 1973. "Der wütende Angriff auf die Kultur" wurde 1972 für eine Universitäts-Publikation in Montevideo geschrieben, in welcher Form der Essay dann allerdings nicht erscheinen konnte. Alle andern Beiträge in diesem Band erschienen erstmals in* Marcha, *Montevideo: "Der Schriftsteller und seine Prioritäten" 1973, "Der Intellektuelle in einer Zeit der Wandlungen" 1972, "Weder Opfer noch Ankläger" 1969, "Mafia, Literatur und Nationalismus" 1972, "Klassenkampf und die Einsamkeit des Schriftstellers" 1972.*

Wir danken an dieser Stelle Mario Benedetti für seine wertvolle Hilfe beim Zustandekommen dieser deutschen Ausgabe. Er hat den deutschen Text überprüft, im wesentlichen für gut befunden und uns auf einige Irrtümer aufmerksam gemacht. Ebenso hat Mario Benedetti die Anmerkungen gelesen, ergänzt, beziehungsweise selber verfasst. Die mit M.B. gezeichneten Anmerkungen stammen vom Autor selber. *rpv*

Das persönliche Zeugnis und seine Grenzen

Im Jahre 1930, acht Jahre nach Veröffentlichung des *Trilce,* erteilte der Peruaner César Vallejo (1892-1938) dem Surrealismus eine unmissverständliche Absage: "Breton irrt sich. Falls er wirklich Marxismus studiert und sich ihm verschrieben hat, kann ich mir nicht erklären, wie er vergessen konnte, dass die Rolle des Schriftstellers nicht darin besteht, mehr oder minder ernste allgemeine, moralische und intellektuelle Krisen zu stiften, also dass es nicht darum gehen kann, die Revolution 'von oben', sondern im Gegenteil 'von unten' zu entfachen. Breton vergisst, dass es nur eine einzige Revolution gibt — die proletarische; dass diese Revolution von Arbeitern gemacht wird und zwar durch Handeln. Nicht von Schriftstellern mit ihren 'Bewusstseinskrisen'."

Also wurde in Lateinamerika bereits vor mehr als vierzig Jahren eine Diskussion eröffnet, die heute erneut dazu dient, die Aufgabe des Intellektuellen und die gesellschaftliche Verantwortung des Schriftstellers zu definieren, zu berichtigen und zu verstärken. Leider bewegt sich die Diskussion heute etwas schematisch zwischen zwei Richtungen: Die einen wollen ausschliesslich eine missionierende Literatur mit eindeutiger Botschaft anerkennen, die anderen befürworten eine literarische Flucht in die Sprache, die für sich selbst stehe, ihre eigene Welt erschaffe, sich "in niemandes Dienste" stelle.

Erstere vergessen, dass die Literatur sowohl als Kunst wie auch als Handwerk ihre eigenen Gesetze hat und aus diesem Grund eine Initiativ- und Bewegungsfreiheit braucht, die nicht immer zusammengeht mit missionierender Kunst und noch weniger mit dem Pamphlet, dessen doktrinärer Aufbau eine blosse Annäherung nicht gestattet, sondern ein streng gesetzmässiges, unwiderlegbares Vorgehen verlangt oder fordert. Die andern wiederum vergessen, dass auch die Initiativ- und Bewegungsfreiheit wie alle Freiheiten dieser Welt relativ ist, eng verknüpft mit anderen, allerdings fundamentalen Formen der Freiheit, die nicht wie manchmal in der Kunst nur einen beschränkten Bereich menschlichen Handelns, sondern das menschliche Sein überhaupt betreffen. Die grosse Sorge des Imperialismus und seiner Schreiberlinge um die famose "Freiheit der

Schriftsteller" geht jedoch Hand in Hand mit der unleugbaren Tatsache, dass die Vereinigten Staaten über Jahre hinweg unerschöpfliche Napalmvorräte als Argumente über dem vietnamesischen Volk ausschütteten, dass sie den meisten lateinamerikanischen Armeen Grausamkeit und Sadismus im Übermass einimpften, um die Dividenden der multinationalen Unternehmen und die Hegemonie einheimischer Oligarchien sicherzustellen (was heute allerdings auch dazu führt, dass unter der Oberfläche der erzwungenen Ruhe ein Klassenhass zu brodeln beginnt, der kurz-, mittel- oder langfristig darauf hinauslaufen wird, dem Geschick dieses Teils von Amerika eine Wende zu geben).
Oder anders gesagt: Der Imperialismus sorgt sich um die "Freiheit der Schriftsteller", weil ihn diese Sorge nichts kostet. Die Freiheit der Arbeiterklasse dagegen kümmert ihn nicht, die der Studenten oder gar des ganzen Volkes noch viel weniger, denn eine solche Besorgnis würde ihn teuer zu stehen kommen. Die "Freiheit der Schriftsteller" verteidigen ist ein leichtes Geschäft, man erlangt sie durch Neutralisieren. Zu diesem Zweck investieren die USA winzigste Erträge ihrer berühmten Stiftungen in Stipendien, Preise und Kongresse. Oder wie jemand in einer Würdigungsrede für Rubén Darío in Varadero sagte: die Marquise Eulalia ("woher mag sie nur ihren Honig und ihre schönen Sätze haben!") ist inzwischen ersetzt worden durch die Herzogin Guggenheim.[1]
Statt die Freiheit des Arbeiters, des Studenten zu fordern — einfach so, als abstrakte Einheiten — wählt der Imperialismus einen kürzeren und viel überzeugenderen Weg: Er schliesst die Universitäten (das heisst, er gibt die Anweisung dazu irgendeinem ergebenen zuständigen Minister weiter, und der schiebt genüsslich den Riegel vor); er verbietet Gewerkschaften und Arbeiter-Dachorganisationen, ermordet Studenten auf der Strasse und foltert Gewerkschafter, gründet gelbe Gewerkschaften und durchsetzt die Studentenbewegung mit Horchern und Provokateuren. Mit der Sorge um die "Freiheit" einer gesellschaftlichen Minderheit, wie etwa der Schriftsteller, wird das Aushöhlen jener anderen Freiheiten verdeckt (oder wenigstens zu verdecken versucht), die an breite Volksschichten gebunden

sind. Allerdings werden nicht einmal in der Sorge um die "Freiheit des Schriftstellers" die Formen gewahrt, denn alle Scheinwerfer richten sich vornehmlich auf Literatur, die zu Recht oder zu Unrecht in sozialistischen Ländern weniger genehm ist. Hingegen bleiben linke Schriftsteller unerwähnt, die in "demokratischen" Ländern Lateinamerikas im Gefängnis sitzen und gefoltert oder ermordet werden. Ein Monat Haft für Padilla in Cuba, während der dieser nicht den geringsten physischen Zwang zu erleiden hatte, provozierte eine Kampagne von internationalen Ausmassen [2], während die grausamen Folterungen, denen der Dramatiker Mauricio Rosencof in uruguayischen Gefängnissen ausgesetzt war, nur in engen Kreisen engagierter Künstler und lediglich auf lateinamerikanischer Ebene Reaktionen zur Folge hatten. Offenkundig vermochte dies die diskriminatorische Sensibilität der "neutralisierten" Intellektuellen nicht zu verletzen.

Das Imperium wählte bewusst das Wort *Freiheit,* um den Schriftsteller anzusprechen. Was sonst hätte für diesen eine so überragende Bedeutung, so viel Gehalt? Unter Zwang gesetzt von wirtschaftlichen Nöten und Zeitmangel — seine Zeit wird im allgemeinen von anderen Tätigkeiten wie Journalismus, Lehramt, Übersetzungen in Anspruch genommen, die er ausüben muss, um am Leben zu bleiben —; eingeengt durch die verschiedenen Formen von Zensur und deren natürliche Folgewirkung, die Selbstzensur; ausgesetzt den veschiedensten Pressionen, politischen Verfolgungen und Einschränkungen, ist der lateinamerikanische Schrifsteller (ausgenommen die seltenen Fälle der ins Grossbürgertum eingegliederten) ein von allen Seiten hart bedrängtes Individuum, dessen Beklemmungen überdies meist schwerer wiegen als die anderer Bedrängter, weil es zu seinem Beruf gehört, zu denken, Vorstellungen zu entwickeln und auch nach Auswegen zu forschen.

Gewiss, die Revolution wird, wie Vallejo schrieb, nicht von Intellektuellen mit "Bewusstseinskrisen" gemacht. Nicht weniger gewiss aber ist, dass solche Krisen bei Intellektuellen ernster und bedrückender zu verlaufen pflegen als beim Rest der Gesellschaft. Da in unseren Ländern die Schriftsteller und die Künstler, die Intellektuellen insgesamt aus dem Kleinbürgertum kommen, zeigen sich bei ihnen zweierlei Arten von Reaktionen: die Gebrochenen und Kleinmütigen, die nicht nur der Integration oder Konfrontation mit ihrer sozialen Umgebung ausweichen, sondern auch jeder offenen Auseinandersetzung mit sich selber; sie flüchten sich in die Sprache, mystifizieren sie, bis sie zur Hauptsache des künstlerischen Schaffens wird. Umgekehrt gibt es andere, die von der Rolle der Arbeiterklasse in der Revolution wissen: Sie nähern sich dieser (oder versuchen es zumindest) mit einem enormen Schuldkomplex und einer notorischen Hemmung, sich anzuschliessen, mit einer heillosen Neigung, sich Asche aufs Haupt zu streuen, wie wenn ihr "Erbübel" ihnen fürs ganze Leben verunmöglichen müsste, wirksam zu einem revolutionären Prozess beizutragen. Der Praktizismus in Form einer Kinderkrankheit wird für diese wohlmeinenden Spezialisten der Phantasie oder Theorie daher zu einer fast unvermeidlichen Etappe. All dies zusammen wird noch zementiert durch die natürlichen Vorurteile, die der Arbeiter den Intellektuellen oft entgegenbringt.

Gibt es Rezepte dagegen? Ist der Intellektuelle wirklich zu einem elitären Verhalten verurteilt und soll er angesichts seiner Schwierigkeiten, sich in eine politische Bewegung oder in eine Basisarbeit einzugliedern, sich auf seine Schreibtischarbeit zurückziehen, sich hinter seiner theoretischen Arbeit verschanzen oder in eine Phantasiewelt abheben? Oder soll der Schriftsteller im Gegenteil — auch wenn es ihm gegen den Strich geht — um den Preis des eigenen Gleichgewichts versuchen, sich zu integrieren und dabei eventuell riskieren, sich wie der Fisch auf dem Trokkenen zu fühlen? Ist es umgekehrt für den politisch engagierten Schriftsteller unumgänglich, dass er sich nur noch in Polit-Literatur und Pamphlet ausdrückt?

Vielleicht sind es zu viele Fragen für die beschränkten Möglichkeiten, eine Antwort darauf zu finden. Denn eines ist sicher: In diesem Bereich taugen keine Rezepte. Natürlich gibt es persönliche Erfahrungsberichte. Sie mögen einigen Leuten von Nutzen sein, andern bringen sie nichts. Das persönliche Zeugnis dient vor allem dem, der es ablegt. Die Gründe und Wege sind recht verschieden, um in jene Bereiche der direkten Erfahrung zu gelangen, welche das Zeugnis erst ermöglichen; der eine sucht bewusst danach, der andere mag in einer unvorhergesehenen Abweichung vom ursprünglichen Plan dahin gelangen, aber es kann auch durch blossen blinden Zufall geschehen.

In diesem Sinn, mit diesen Einschränkungen und Grenzen, versuche ich, dem Leser und anderen Schriftstellern meine persönliche Erfahrung nahezubringen. Ich bin sicher, dass dieses Zeugnis nur ausnahmsweise jemandem nützen kann; die Richtung, die ich in den letzten drei Jahren eingeschlagen habe, konnte anfangs 1971 nicht einmal ich selber voraussehen. Die Entscheidung fiel plötzlich, es blieb kaum Zeit zum Nachdenken, und schon bewegte ich mich auf unerwarteten Bahnen, deren weiterer Verlauf schwer abzuschätzen war.
Bis zu diesem Punkt hatte sich mein Engagement auf das Unterzeichnen von Manifesten beschränkt, auf ein Buch mit politischem Inhalt *(El país de la cola de paja;* 1960 — etwa: Land der Schlappschwänze), auf das Einbringen des sozialen und politischen Umfelds in meine Romane *Gracias por el fuego* (1965, Danke für das Feuer) und *El cumpleaños de Juan Angel* (1971, Juan Angels Geburtstag), einige Erzählungen aus *La muerte y otras sorpresas* (1968, Der Tod und andere Überraschungen) [3] und vereinzelte Gedichte in *Inventario 70* sowie auf meine journalistische Arbeit für die Wochenzeitschrift *Marcha.* [4] Ich hatte ein Jahr in Europa gelebt und während zweieinhalb Jahren (mit kurzen Unterbrechungen) in Kuba gearbeitet. Ich bin überzeugt, dass gerade diese sehr fruchtbare Zeit in Kuba bei meiner plötzlichen Entscheidung eine Rolle spielte, denn dort erkannte ich die Möglichkeiten einer politischen Betätigung des Schriftstellers, die sich nicht allein auf seinen berufsmässigen Beitrag beschränkt. Allein schon die Gelegenheit, einmal die theoretischen Postulate, auf die man gesetzt hat, vergleichen zu können mit der Realität einer sozialistischen Revolution, also auch mit all ihren Schwierigkeiten, Ungeschicklichkeiten, Hemmnissen, aber auch mit ihrem unermüdlichen Einstehen für soziale Gerechtigkeit und einem wundervollen Aufblühen der Men-

schenwürde (und diesen Prozess nicht nur während einer Woche schematischer Läuterung zu erleben, sondern zweieinhalb Jahre täglich drinstehen), das ist so bewegend und anregend, dass es einen für immer immun macht gegen allen Pessimismus, gegen alle Frustration häuslichen Alltags.

Was damals geschah: Im April 1971 organisierte eine kleine Gruppe von Uruguayern eine Versammlung zur Gründung einer unabhängigen Bewegung. Ziel war, diese später dem "Frente Amplio" (Breite Front der uruguayischen Linken) einzugliedern. So entstand die Bewegung der Unabhängigen "26. März". Ich war als Mitglied des Provisorischen Sekretariats vorgeschlagen und ich ahnte bereits, dass eine womöglich recht tiefgreifende Veränderung meines Lebens bevorstehen könnte, Veränderung auch meiner Weltanschauung, meiner persönlichen Beziehungen und ich weiss nicht was noch alles. Aber ich sagte zu. Und tatsächlich bedeutete diese Zusage dann dies alles und noch viel mehr. (Ich weiss nicht, was morgen ist, aber heute, am Tag, wo ich dies schreibe, am 4. November 1973, bin ich das einzige Mitglied des "26.", das die ganze Zeit hindurch in diesem Sekretariat überlebt hat. Der überraschte Leser denke jetzt nicht an *Säuberungen* oder interne Konflikte. In unserem Falle heisst das reinigende Gewitter *Repression*. Es ist die brutale Repression, die viele meiner Sekretariatskollegen sukzessive ins Gefängnis gebracht oder ins Exil getrieben hat.)
Ich muss klarstellen, dass meine Unerfahrenheit als Leiter oder auch als Mitglied einer festen politischen Gruppierung praktisch total war. So störte es mich auch nicht sonderlich, dass etliche meiner Sekretariatskollegen, übrigens mehrheitlich keine Intellektuellen, im Politischen ebenso unerfahren waren wie ich. Später entstand eine kulturelle Abteilung der Bewegung, die immer noch funktioniert; Leute vom Theater und Ballett traten ihr bei, Maler, Musiker, Schriftsteller, Journalisten und Sänger. Aber meine Beziehung zu dieser Gruppe blieb bis heute äusserst lokker, und dies nicht etwa, weil ich irgendwelche Vorurteile gegen die Zusammenarbeit mit diesen Leuten gehegt hätte (wie könnte ich auch!), sondern einfach deshalb, weil poli-

tische Arbeit und Verantwortung mich zunehmend ausfüllten.
Ich gebe zu, dass ich nicht zu den Schriftstellern gehöre, die mit einem Anfall von selbstkritischem Kitzel in die politische Arena einsteigen und das literarische Gewerbe heruntermachen, bis nichts mehr übrigbleibt. Die Literatur ist mein Hauptberuf und wird es, glaube ich, immer bleiben. Wenn ich dennoch in die Politik einstieg, geschah es, weil ich glaubte — und immer noch glaube —, dass ich dort geben und nehmen könne, etwas lehren, aber auch vieles lernen. Und dann vor allen Dingen auch, weil der Prozess der Faschistisierung, der zu jenem Zeitpunkt in Uruguay definitive Züge annahm, ausnahmslos von allen forderte, dass wir unseren noch so bescheidenen Beitrag leisteten, um zu verhindern, dass der Faschismus sich konsolidiere und sich die erstrebte soziale Basis schaffe.
Ich möchte keineswegs behaupten, dass mein damals getroffener Entschluss der beste oder einzig richtige war. Ich sehe sogar sehr klar, dass an seinem Zustandekommen Faktoren mitwirkten, die ausserhalb meines eigenen Willens lagen. Was wäre beispielsweise aus mir geworden, wenn ich aus irgendeinem Grunde und entgegen meinem Interesse der Einladung an jene Vorbereitungsversammlung damals nicht gefolgt wäre? Noch viel weniger möchte ich jetzt diese Art des Einstiegs sämtlichen Schriftstellern der Welt nahelagen; die Lage ist keineswegs die gleiche in allen Ländern, auch stellt sich die Aufgabe nicht überall so zwingend, und ausserdem (das ist entscheidend) hat nicht jeder Schriftsteller die gleichen Rechnungen zu begleichen wie ich. Deshalb beschränke ich mich jetzt — ohne die geringste missionarische Absicht und ohne das leiseste Werturteil — einfach darauf, einige Aspekte dieser Erfahrung mit ihren positiven und negativen Seiten für die literarische Arbeit darzulegen.
Ich bezweifle keinen Augenblick, dass mich dieser unvorhergesehene Einstieg in die politische Massenarbeit bereichert und weiter gebracht hat. Vor allem ermöglichte es mir, zu überprüfen, welche meiner unumgänglichen, aber unsystematischen Lektüren politischer Theorien der unbestechlichen Realität standhielten, von ihr berichtigt oder

widerlegt wurden. Wenn ich etwas begriffen habe, dann einerseits die entscheidende Notwendigkeit einer ideologischen Struktur und andrerseits die tödliche Gefahr von Dogmatismus und sektiererischem Vorgehen. In Ländern wie den unsrigen, jung, unerfahren, voller Leidenschaft und Phantasie, ist es von grösster Bedeutung, dass der politische Mensch, abgesehen von einer gewissen ideologischen Grundlage, auch genügend Sensibilität und Verwegenheit mitbringt, um jedem unvorhergesehenen Ereignis kreativ zu begegnen.

Auf einer solchen Grundlage ist vielleicht die einzig gangbare Formel die, sich sehr klar darüber zu sein, dass das Interesse der Gruppe an der eigenen Unfehlbarkeit oder an effektvollen Auftritten niemals Priorität haben kann, sondern dass diese vielmehr dem Interesse des Volkes zukommt. Wenn beide übereinstimmen, um so besser. Wenn nicht, muss man genügend moralischen Mut und Weitblick haben, um das Gruppeninteresse den Interessen des Volkes anzupassen. Nur über solche Anpassungen kann eine Avantgarde, wie sie sich auf dem Papier definiert, zu einer Avantgarde aus Fleisch und Blut werden. Ich möchte hier an die "Worte an die Intellektuellen" erinnern, die Fidel Castro 1961 ausgesprochen hat: "Wenn wir Revolutionäre gefragt werden, was für uns das Wichtigste sei, sagen wir: das Volk, und immer wieder das Volk. Das Volk im realen Sinn, das heisst, jene Mehrheit des Volkes, die vergessen war und unter grausamster Ausbeutung lebte. Unsere Hauptsorge gelte stets den grossen Mehrheiten des Volkes, das heisst, den unterdrückten und ausgebeuteten Klassen des Volkes. Unser Blickwinkel sei stets dieser: Für uns ist gut, was für sie gut ist. Für uns ist schön, nützlich, vorzüglich alles, was für sie vorzüglich, nützlich und schön ist."

Im Verlauf der Mobilisierungskampagnen im Jahre 1971 nahm ich jeweils an zwei oder drei Abenden pro Woche an den Versammlungen der Basiskomitees des "Frente Amplio" teil, die in Quartieren und Vorstädten abgehalten wurden und von sehr unterschiedlicher sozialer Zusammensetzung waren. Von allem Anfang an war uns klar, dass wir uns bei dieser unumgänglichen Arbeit aller gängi-

gen Mittel der politischen Propaganda, wie sie die traditionellen Parteien eingeführt hatten, enthalten mussten. Keine demagogischen, grosskotzigen paternalistischen Reden! Wir versuchten vor allem, mit den Leuten ins Gespräch zu kommen, versuchten gemeinsam mit ihnen, die schwierige politische, wirtschaftliche und soziale Etappe zu begreifen, die schon damals Ausdruck einer tiefen Zerrüttung des liberalen Staates war.
An solchen wahrhaft volksnahen Seminaren trat ich nie als Schriftsteller auf und in neunzig von hundert Fällen nahm niemand Notiz von dieser Eigenschaft. (Sofern Fragen zu diesem Bereich meiner Arbeit auftauchten, waren sie auf jeden Fall stets unerwarteter und anregender als die routinemässigen Befragungen von Kritikern und Journalisten.) Ich habe über diese Diskussionen keine Notizen gemacht; wahrscheinlich werde ich in künftigen Romanen und Erzählungen nie wörtliche Zitate bringen können von jenen vielen Fragen, Zweifeln und phantasiereichen Lösungsvorschlägen, jener Opferbereitschaft und Nüchternheit, gepaart mit einer rigorosen Liebe zum Land. Dennoch spüre ich, wie das alles in mir ist und reift, mir vielleicht eines Tages wie reife Früchte in den Schoss fallen wird. Und wenn meine Weltanschauung sich verändert hat, wenn das Wort Revolution für mich heute jenen Klang hat, der Geschichte zum Leben erweckt — und nicht nur den Klang, sondern auch Muskeln und Hände und Beine, Lungen, Herz und Augen, in denen Hoffnung und Vertrauen ist; wenn Revolution für mich heute das offene Antlitz eines Volkes trägt, das leidet und lernt, das Bitternis trägt und dennoch wahrnehmbar Freude ausstrahlt, dann verdanke ich das zum grossen Teil dieser Schule in Bescheidenheit.
Es geht hier aber nicht darum, das Problem der Eitelkeit herunterzuspielen. Wenn Politiker oder Intellektuelle sich ins Volk "herunterbegeben", um ihm ihre "unfehlbare Formel" zu übermitteln, dann kann Eitelkeit durchaus etwas bewirken, nämlich die Bestätigung, dass man nicht verstanden wird. Manchen mag dies allerdings gelegen sein, weil sie, wer weiss, vielleicht überhaupt nichts zu sagen haben. Aber es ist schlechterdings unmöglich, sich vor Eitelkeit aufzublähen, wenn man, ohne sich als Apostel oder

Missionar auszugeben, frei, offen und ernsthaft versucht, seinen Beitrag zu liefern: *aus* dem Volk heraus und *für* das Volk, das heisst, sich selber als Teil dieses Volkes *spürend,* nicht nur *denkend;* und reden und zuhören, lehren und lernen, geben und nehmen und vor allem miteinander arbeiten in einem elementaren, aber anregenden dialektischen Prozess.

Völker können Stolz haben, aber niemals Eitelkeit. Eitelkeit ist das traurige Privileg von verbitterten Individualisten, von Schichten, denen der Hochmut zu Kopfe gestiegen ist, von Bürgerlichen, die sich voller Enthusiasmus ständig etwas vormachen müssen, von Renegaten, die sich vom Volk abnabeln. Eitelkeit ist ein Randprodukt des Kapitalismus und in einzelnen Fällen auch der Auswuchs einer Selbstkolonialisierung. Mitunter aber kann sie als Randprodukt auch in Sektoren der Linken eindringen, dann nämlich, wenn diese ihr revolutionäres Ziel oder aber ihren eisernen Willen, dieses zu erreichen, nicht richtig definiert haben.

Eine richtige, tiefgreifende Revolution ist, um es mit Lenin zu sagen, "ein unvorstellbar komplizierter und schmerzhafter Prozess der Agonie eines überlebten Sozialregimes und der Geburt einer neuen Gesellschaftsform"; Eitelkeit oder Hochmut machen einen solchen Prozess nur noch schwieriger und schmerzhafter. Und ich spreche hier nicht nur von individueller Eitelkeit und Überheblichkeit, sondern auch von Eitelkeit und Überheblichkeit ganzer Gruppen (oder Parteien). "Ohne ausserordentlich komplizierte Situationen wären Revolutionen nie ausgebrochen", fährt Lenin fort und fügt hinzu: "Und wer sich vor dem Wolf fürchtet, begebe sich nicht in den Wald." Und wir fügen hinzu: Auch der halte sich besser fern, der die Eitelkeit auf sein Banner geschrieben hat. Die Überheblichkeit in Gruppen oder Parteien kann eine Revolution für lange und tragische Jahre verzögern.

Aber kommen wir zurück auf die Erfahrungen der praktischen politischen Arbeit — inzwischen nicht mehr in einer weiten Koalition, sondern in einer bestimmten politischen Gruppe, wo die Anforderungen höher und das Engage-

ment stärker sind. Hier taucht ein entscheidendes Problem auf. Die politische Aktivität eines Schriftstellers mit Verantwortungsbewusstsein, schränkt zwangsläufig seine zum Schreiben verfügbare Zeit ein. Zumindest was diesen Aspekt betrifft, sind die Bedingungen zum Schreiben des "grossen Romans" unleugbar besser in Paris oder in Barcelona als im Santiago des General Pinochet oder im Montevideo des Herrn Bordaberry. Diese Bemerkung zielt selbstverständlich nicht auf unterschiedliche Voraussetzungen des Talents, sondern ausschliesslich auf die Frage der zur intellektuellen Arbeit verfügbaren Zeit.
In meinem Fall (ich bitte den Leser um Verzeihung für das Verharren auf meiner Autobiographie, aber bei diesem so konfliktgeladenen Thema der Beziehungen eines Intellektuellen zur Politik ist die eigene Erfahrung wirklich fast das einzige Werkzeug, über das ich verfüge) muss ich gestehen, dass die politische Arbeit der letzten drei Jahre es mir

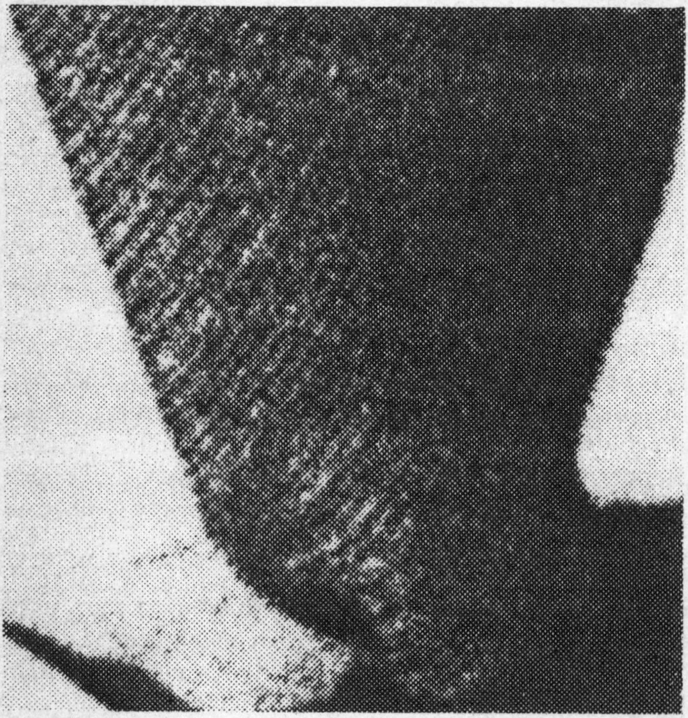

praktisch verunmöglicht hat, mich einem Roman zu widmen, der in grossen Zügen entworfen ist. Vor dieser bewegten Zeit schrieb ich vier Romane, ich weiss also aus eigener Erfahrung, dass man in diesem Fach nicht mit längeren Unterbrechungen arbeiten kann (wenigstens ich kann es nicht), etwa in der Art: heute zehn Seiten und in vier Monaten die nächsten zehn. Der stetige Arbeitsrhythmus, den ein Roman erfordert, ist für mich unter den gegenwärtigen Umständen nicht leistbar. In diesen letzten drei Jahren habe ich nur kurze Gedichte und Lieder verfasst, in der Hauptsache aber politische Texte. Natürlich ist das keine ideale Situation. Aber leben die Arbeiter, Studenten, die Bauern in meinem Land vielleicht in einer idealen Situation? Ich gebe ohne weiteres zu, dass mein Arbeitsrhythmus als Berufsschriftsteller viel zu wünschen übrig lässt. Dies feststellen zu müssen, frustrierte mich nur im ersten halben Jahr, jetzt nicht mehr. Und zwar deshalb nicht, weil ich mir heute gar nicht mehr vorstellen kann, was ich wäre ohne diese hinter mir liegende Zeit intensiver politischer Arbeit. Aber verstehen wir uns recht: Es liegt mir fern, damit jetzt sagen zu wollen, eine solche Erfahrung sei für alle lateinamerikanischen Schriftsteller unentbehrlich. Dennoch bin ich in meinem Fall zum Schluss gekommen, dass sie für mich notwendig gewesen ist.

Ich beneide sie nicht, und noch weniger verurteile ich sie — jene Schriftsteller Lateinamerikas, denen es gelungen ist, sich Zeit und Ort wie eine persönliche Einsiedelei zu gestalten und in Europa Romane mit lateinamerikanischen Themen zu schreiben. Sie nahmen sich ihr gutes Recht, zahlten zum Teil auch einen hohen Preis dafür, als sie diese Wahl trafen. Wir anderen, die zufällig oder absichtlich eine konkretere politische Aktionsform wählten, die unserer eigenen Realität näher liegt, nahmen uns ebenfalls unser gutes Recht und zahlen unsrerseits einen hohen Preis dafür, wenn auch wahrscheinlich in anderer Münze; auch wir trafen unsere Wahl. Und taten dies hier und heute und für diesen Augenblick der Geschichte. Wir sollten nicht so schematisch sein und unsere Prioritäten von morgen jetzt schon setzen wollen. Das Problem lösen wir nicht, indem wir uns gegenseitig madig machen, sondern indem wir versuchen (jeder in seinem Bereich), uns für die Allgemeinheit *nützlich* zu machen. Politische Tätigkeit, das Herbeiführen politischer Klärungen sind Beiträge gesellschaftlicher Natur; Kunstwerke können es auch sein. Und jene lateinamerikanischen Schriftsteller, die wie ich unter den jetzigen Umständen zum Schluss gekommen sind, die Prioritäten müssten politisch gesetzt werden — wir nehmen uns vielleicht, bewusst oder unbewusst, vor allem deshalb vor, eine gerechte Welt zu erobern, weil wir wollen, dass wieder die Literatur unsere Priorität werden kann.

Anmerkungen:

1 Die Marquise Eulalia ist eine Figur aus dem Gedicht "Era un aire suave..." (Es ging ein leises Lüftchen...) aus *Prosas profanas* des nicaraguanischen Dichters Rubén Darío (1867-1916): Das Zitat "Woher mag sie nur ihren Honig und ihre schönen Sätze haben!" stammt aus ebendiesem Gedicht:
(...) Al oir las quejas de sus caballeros,
ríe, ríe, ríe la divina Eulalia,
pues son su tesoro las flechas de Eros,
el cinto de Cipria, la rueca de Onfalia.
Ay de quien sus mieles y frases recoja!
Ay de quien del canto de su amor se fíe!
con sus ojos lindos y su boca roja,
la divina Eulalia ríe, ríe, ríe.
Die *Herzogin Guggenheim* steht (ironisch) für die nordamerikanische Guggenheim-Stiftung, die den lateinamerikanischen Schriftstellern und Künstlern immer gern ausgiebige Stipendien anbietet. M.B.

2 Näheres zum 'Fall Padilla' siehe Essay in diesem Band: Der Schriftsteller und seine Prioritäten".

3 Teilweise enthalten in *Die Sterne und du,* Peter Hammer Verlag, Wuppertal 1984

4 *Marcha* (1939-1974) ist der Name einer berühmten Wochenzeitschrift, die zu ihrer Zeit nicht nur für Uruguay, sondern für ganz Lateinamerika von ausserordentlicher Bedeutung war. Sie wurde gegründet und, bis sie 1974 durch die Diktatur verboten wurde, auch geleitet durch den Rechtsanwalt und Ökonomen Carlos Quijano (1900-1974). Sie hatte immer eine beachtliche Redaktoren-Gruppe. Zu erwähnen sind etwa: Juan Carlos Onetti, Edurado Galeano, Angel Rama, Julio Castro, Carlos Martínez Moreno, Carlos María Gutiérrez, Zelmar Michelini, Héctor Rodríguez, Carlos Maggi, H. Alsina Thevenet, Mauricio Rosencof, etc. (Und natürlich Mario Benedetti selber, d. Hrsg.) M.B.

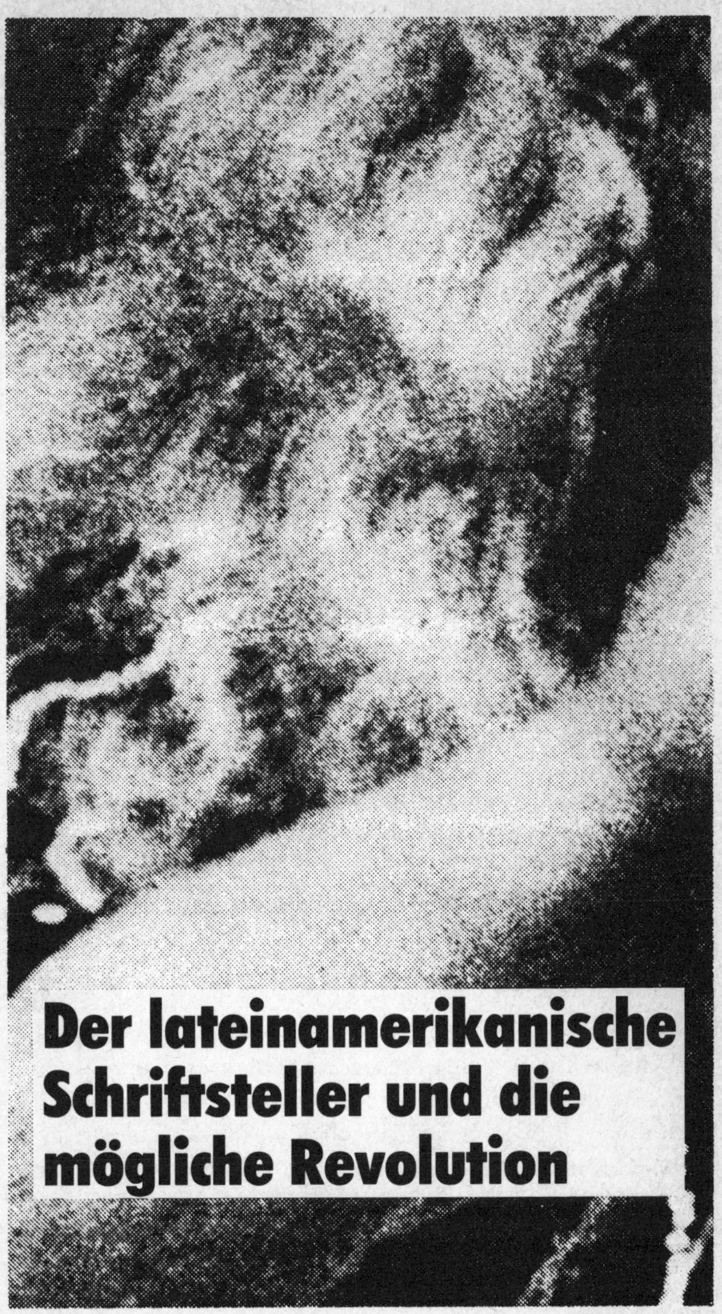

Der lateinamerikanische Schriftsteller und die mögliche Revolution

1. *Der Angriff aufs Unmögliche*

Der Angriff auf die Moncada-Kaserne [1] war ein Angriff aufs Unmögliche. Hätten damals Fidel Castro und Abel Santamaría die berühmten "objektiven Bedingungen" in herkömmlicher Weise minuziös erwogen, wäre jenes Meisterstück an Verwegenheit wohl nie unternommen worden. Es war zum Misslingen verurteilt und hat viele Menschenleben gekostet; aber es gibt bestimmte Niederlagen, die den Verlauf eines revolutionären Prozesses ebenso entscheidend vorantreiben können wie der tadelloseste Sieg. Siebzehn Jahre später, mitten in einem neuen Frontalangriff aufs Unmögliche (während der gigantischen Zuckerrohrernte 1970), spielte Fidel auf jenes ausschlaggebende Unternehmen an, als er die berühmte Losung ausgab, "die Niederlage in Sieg zu verwandeln". Schon am 1. Januar 1959 hatte dieses Vorgehen seine entscheidende Bestätigung gefunden, als es gelang, die Moncada-Niederlage in einen Sieg der Revolution umzuwandeln. In gewisser Weise also hat jener Angriff aufs Unmögliche die Revolution erst möglich gemacht. Und dies nicht nur für Kuba, sondern für Lateinamerika.

Ist der Moncada-Angriff bereits ein Stück lateinamerikanischer Geschichte, so hat der Umstand, dass der junge Rechtsanwalt Fidel Castro, Batistas Häftling, 1953 seine Verteidigung in die eigene Hand nahm, eine historische Parallele bei unserem Artigas [2], der 1816 in einem Brief aus Purificación an Martin Güemes schrieb: "Wir dürfen nichts erwarten — ausser von uns selbst." Unterstützungen — nichtrückzahlbare Darlehen und brüderliche Solidarität — pflegen jeweils erst Jahre später einzutreffen; in jenem Augenblick war Fidel genau wie Artigas 1816 ausschliesslich auf sich selber angewiesen, das wusste er und tat genau das, was notwendig war, um der revolutionären Möglichkeit ihre volle Dimension zu geben; er tat es allein aus sich selber heraus, kühn, aufrichtig und mit grossmütiger Entschlossenheit.

Nach jenem Generalangriff aufs Unmögliche im Jahre 1953 verstrichen sechs Jahre bis zur möglichen (oder mehr als möglichen, nämlich wirklichen) Revolution im Jahre

1959. Daraufhin kam es in etlichen lateinamerikanischen Ländern zu einer Reihe ebenso bestimmender wie aufschlussreicher Erschütterungen. In Venezuela, Bolivien, Brasilien, Guatemala, Kolumbien, Argentinien, Uruguay setzten Revolutionäre in weiteren Angriffen aufs Unmögliche ihr Leben ein. Jede Revolution hat ihre Moncada, und in den härtesten Momenten des Kampfes weiss jeder Revolutionär, dass die frühe Einsicht von Artigas weiterhin gültig bleibt.

Heute befindet sich ganz Lateinamerika mitten in dem schwierigen Unterfangen, seine Niederlagen in Siege umzuwandeln. Die Moncada wird in solchen Zeiten zu einem wichtigen Symbol, besonders wenn gewisse Kommentatoren und Ideologen sich angesichts der Rückschläge berufen fühlen, den Kämpfern die endgültige Niederlage anzukündigen und zu beweisen. Eines müsste eigentlich klar sein: Wenn der Lebensbaum der Revolution vorübergehend darniederliegt, darf kein Revolutionär daraus Brennholz schlagen und auch nicht zulassen, dass andere es tun. Als er Jahre danach auf die Bedeutung der Moncada zu sprechen kam, sagte Fidel einmal: "Unter Revolutionären kann es durchaus Meinungsverschiedenheiten geben — über Methoden, über irgendeine konkrete Sache etwa; aber in den hysterischen Chor der Reaktionäre in ihrer Kritik an Revolutionären einstimmen, das entbehrt aller Moral, das ist nicht revolutionär." Vorschnelle und oberflächliche Kommentare über scheinbar oder wirklich gescheiterte revolutionäre Aktionen zeugen zumindest von Kurzsichtigkeit.

Das kubanische Unternehmen als ganzes ist eine erstaunliche Leistung, und eine der nützlichsten Lektionen daraus ist zweifellos die Moncada: der Angriff aufs Unmögliche, der dann die Revolution möglich macht. Trotz der unermesslichen Opfer, die sie forderte, oder vielleicht gerade ihretwegen konnte der Moncada-Zwischenfall zu einer Befreiungs-Kampagne werden, und der Gedanke daran übertrug sich auf alle Kubaner, so dass die verletzte Menschenwürde und die Freiheitssehnsucht einer ganzen Nation erwachten. Heute, zwanzig Jahre später, spürt man mehr denn je, dass auch inmitten definitiv erlangter Freiheit jener revolutionäre Ansatz weiterlebt. Und jeder lateinamerikanische Revolutionär sieht heute in der historischen Niederlage von 1953 paradoxerweise eine Bestärkung dafür, dass auch in der härtesten Niederlage noch ein Quentchen Sieg stecken kann, wenn nur der Wille zum Siegen die Bitterkeit der Niederlage überwinden kann.

Wie nicht anders zu erwarten war, blieb dieser zwischen dem Möglichen und Unmöglichen pendelnde Widerstreit in der lateinamerikanischen Literatur der letzten zwanzig Jahre von ständiger Aktualität (manchmal mehr, manchmal weniger offenkundig). Abstraktionen füllten sich mit Realität; und diese gespannte, drängende, blutige, diese kraftstrotzende Realität begann entscheidend einzufliessen in das, was geschrieben und auch nicht geschrieben wurde. Bei den Realisten geschah dies mittels Absorption, bei den Phantasten durch Weglassen, bei den Imaginativen durch Transformation, bei den Sentimentalen in Form von Ergüssen. Die einen fotografierten die Realität ab und waren stolz, wenn die Personen sich während der Aufnahme nicht bewegt hatten: ihr Sieg bestand in einer gewissen Schärfe an der Oberfläche. Andere nahmen die Realität auseinander und experimentierten beim Wiederzusammensetzen; ihr Sieg (vor allem ein technischer) wurde Struktur genannt. Wieder andere arbeiteten hauptsächlich die Fakten heraus und wandelten sie in Lehrsätze um; ihr Ergebnis hiess Botschaft. Schliesslich noch diejenigen, die Fakten vornehmlich für Auswüchse der Sprache halten; das sind die fanatischen Diener des Wortes.

Politisch engagiert oder gleichgültig, wohnhaft im eigenen Land oder im freiwilligen Exil in Europa, Fremde im eigenen Land, oder im erzwungenen Exil einer hoffnungslosen Sehnsucht verfallen — in irgendeiner Art fühlten sich alle bedroht, beeinflusst, bedrängt oder angezogen von der neuen Realität. Die *mögliche* Revolution wurde allmählich ein literarisches Thema, aber auch ein moralischer Faktor. Solange die Revolution ein allgemeiner, abstrakter Begriff blieb, war sie als Motiv so ungefährlich wie Astrologie und Numismatik. Da konnte jeder aus Gewehren feuern, mit einem Fluch am Abzug und einem Adjektiv als Geschoss. Demgegenüber kamen Schilderungen der historischen Bedrängnisse jener, die im guten oder schlechten unsere je-

weiligen Vaterländer begründet haben, bisweilen fast schon erbaulich daher.
Aber als die Schriftsteller merkten, dass Kugeln über ihre Muse hinwegzupfeifen begannen (und nicht mehr nur metaphorische, sondern tödliche), die ihre Inspiration durcheinanderbrachten, blieb ihnen nichts anderes übrig, als ein neues Blatt einzuspannen und von vorn anzufangen. Die einen blieben da, die andern gingen weg; wahr ist auch, dass einige verreisten, obwohl sie dablieben. Es gab Schriftsteller, die sich in ein symbolisches Exil flüchteten und dort den Beweis erbrachten, dass man in Corrientes y Esmeralda (oder in Dieciocho y Andes, Huérfanos y Estado, 23 y M) [3] wohnen und gleichzeitig der Entfremdung, dem Europäischen, eng verhaftet bleiben kann. Und zwar einer absolut entschlossenen Entfremdung, bei vollem Bewusstsein und ohne Entschuldigung. Die anderen aber, die sich körperlich und geistig absetzten, gingen so weit zu erklären, man könne Lateinamerika überhaupt nur von Paris oder London aus wirklich beurteilen. Juan Gelman sagte einmal: "Es heisst immer, von aussen sehe man mehr und so weiter, aber das sind alte Sprüche; man müsste einmal untersuchen, wer die alten Sprüche erfindet." Richtig. Anfänglich wurden sie noch vom "Kongress für die Freiheit der Kultur" eingeladen, später übernahmen die berühmten nordamerikanischen Mäzenatenstiftungen diese noble Aufgabe. Heute werden die Einladungen direkt von der CIA verschickt, die übrigens vielleicht gar nicht mehr so glücklich ist über ihre Rentenempfänger oder halbamtlichen Zwischenträger.

2. Förderung des Exils

Auf dem Gebiet intellektuellen Wirkens bestand die bescheidene Zielsetzung des imperialistischen Eindringens darin, Schriftsteller und Künstler zu neutralisieren; bei diesem Unternehmen spielten die Hauptvertreter des inneren Exils eine hervorragende Rolle, eine oft viel wirkungsvollere als die freiwilligen Auswanderer. Aber letztere werden meist als Muster dieser Gattung angesehen, beson-

ders jene, die sich in den wichtigsten Hauptstädten Europas niedergelassen haben.
Aus den grossen Buchmärkten Lateinamerikas (hauptsächlich Mexiko, Buenos Aires, Caracas) richten sich die mächtigen publizistischen Scheinwerfer auf die Schriftsteller, die das Exil gewählt haben; die meisten, ohne dass die geringste Verfolgung sie dazu genötigt hätte. Bezeichnenderweise gelten als die grossen Figuren des Exils nicht etwa die Paraguayer, die gezwungenermassen in Buenos Aires leben, oder die Uruguayer, die genötigt sind, sich in Chile niederzulassen, auch nicht die Brasilianer, die von harten Massnahmen bedroht nach Kuba entkommen sind, oder gar die nach Mexiko geflüchteten Guatemalteken. Nein, diese Kämpfer, die vorübergehend aus ihrer Umgebung herausgerissen wurden, geniessen kein grosses Ansehen auf dem einschlägigen Markt. In den Führungskader-Magazinen, diesen der herrschenden Klasse ergebenen Elite-Tribünen und Desinformationsmedien mit einem natürlichen Empfangsorgan für die Millionenwerbung von Coca-Cola, Ford und Parker, gilt als der einträgliche Dividendenbringer nicht der Guerillero, der knapp mit dem Leben davonkam, nicht der wirklich verfolgte Intellektuelle oder der Journalist, der Gefängnis und Folter erlitten hat. Im Gegenteil. Sie ziehen den lächelnden Guggenheim-Stipendiaten vor, oder den Bestseller-Preisträger, der an der Rive-Gauche engagierte Erzählungen, Romane und Gedichte zusammenschustert, nicht selten sogar angeregt durch seine redlichen Landsleute, die in der fernen, unterentwikkelten, notleidenden Heimat noch Risiken eingehen — und nicht unbedingt nur literarische.
Wahrscheinlich fehlt noch viel, bis ganz Amerika sich von allen seinen Jochen zu befreien vermag. Aber eines ist sicher: In den zwanzig Jahren, die seit der Moncada-Aktion verflossen sind, ist Revolution etwas anderes geworden als nur eine abstrakte Möglichkeit oder ein ferner Traum; sie ist zu einer glaubwürdigen Vorstellung von wirklicher Umwandlung geworden. Die Imperialisten werden nicht müde, Kuba vorzuwerfen, es exportiere die Revolution. Aber der wirkliche (und gar nicht vermeidbare) Export, für den Kuba durchaus verantwortlich zeichnet (wie seinerseits auch

Vietnam), ist der unbestreitbare Beweis, dass ein kleines Land — betreffend Kriegsapparat von einer Grossmacht weit entfernt — den Imperialismus tatsächlich bezwingen und in den Augen der Weltöffentlichkeit sogar lächerlich machen kann. Darin liegt die grosse Ansteckungsgefahr, die in den letzten zwanzig Jahren von Kuba, Vietnam, Algerien, Korea und so weiter ausgegangen ist. Es ist nicht zu erwarten, dass irgendein lateinamerikanisches Land seine Befreiung erlangen wird, indem es die kubanische Erfahrung genau wiederholt. Aber die unverwechselbare Lektion Kubas bestand darin, mit Phantasie, Anstrengung und Mut zu beweisen, dass auch imperialistische Herrschaft nicht ewig währt, dass auch die scheinbare Unumstösslichkeit der Allmacht immer irgendwo Risse hat, und dass der lebendige, tatkräftige Wille eines ganzen Volkes über diese kaltblütigen Verschwendungskünstler, diese kybernetischen Todesverwalter zu siegen vermag.

Welche Folgen aber hat dieser Wandel der Perspektive konkret im Bereich der Literatur gezeitigt? In den ersten Jahren nach 1959 wandte sich der zerstreute europäische Blick jener kleinen Insel der Karibik zu, die das Monster herausgefordert hatte. Den Europäern, selbst den reaktionärsten, ist es immer recht, wenn irgend jemand den USA jene Probleme schafft, die sie selber zu schaffen nie fähig gewesen sind. Das erstaunte europäische Aufhorchen gegenüber der kubanischen Realität bezog auch Kunst und Literatur mit ein. In allen Sprachen erschienen alsbald Anthologien und Sondernummern hochrangiger Kulturzeitschriften, die sich mit kubanischer Literatur befassten. Schriftsteller, die nie geträumt hätten, von grossen europäischen Verlagen übersetzt und publiziert zu werden, sahen ihre Werke plötzlich in zahlreiche Sprachen und sogar regionale Dialekte übersetzt. Aber die Neugier ging noch weiter. Über die explosive kubanische Realität hinaus begann sich Europa nun auch für das restliche Lateinamerika zu interessieren, und die Verlagshäuser in Paris oder Rom, denen Borges, Asturias oder Neruda (um nicht nur kubanische Autoren zu nennen) kaum dem Namen nach bekannt waren, entdeckten nun allmählich Rulfo, Onetti, Roa Bastos, Guimarâes Rosa, Sábato, Cortázar, Nicanor Parra,

Fuentes, García Márquez, Vargas Llosa, Donoso, Puig und viele andere. Leider fiel es ihnen etwas schwerer, auch Darío, Quiroga und Vallejo zu entdecken.
Diese publizistische Förderung bedeutete für den literarischen Bereich dennoch nicht die schwerwiegendste Folge der Veränderungen in der politischen Realität Lateinamerikas. Alsbald geriet diese Förderung denn auch ins Fahrwasser der Vorurteile und Streitereien, haarsträubendster Illusionen und roher merkantiler Zwänge, was in gewisser Weise die ersten Bestrebungen entkräftete und sogar korrumpierte, da sie neben einer Portion unleugbaren legitimen Interesses doch auch eine gute Dosis gewöhnlichen Sensationshungers enthalten hatte. Auf dem literarischen Gebiet Lateinamerikas war die wirklich bedeutsame Folge des neuen Kräfteverhältnisses und der neuen Situation, dass nie dagewesene Erwartungen an die Schriftsteller gestellt wurden. Diese, nachdem sie bis dahin im leeren Raum operiert und nur für ganz wenige oder niemanden geschrieben hatten — losgelöst vom Volk oder mit dem Rücken zu ihm —, sahen sich nun überraschend einer ansehnlichen Menge von Lesern gegenübergestellt, die hungrig und neugierig lasen, aber auch strenge Urteile fällten. Bis dahin war in totaler Freiheit geschrieben worden — einer Freiheit, die dem Predigen in der Wüste gleichkam. Jetzt aber, wo sich die Hoffnung auf eine wirkliche Zuhörerschaft endlich erfüllte, musste der Schriftsteller feststellen, dass diese Zuhörer zugleich seine Freiheit gewissermassen einschränkten, seinen Äusserungen Grenzen setzten, von ihm Stellungnahmen verlangten und sein ganzes Verhalten beobachteten. Den einen erschien dies ein angemessener Preis, die anderen fanden ihn übersetzt; erschrocken zogen sie sich in ihre alte, angestammte Einsamkeit zurück. Aber zu ihrem Entsetzen fanden sie nun auch die alte Einsamkeit voller Lärm und Vorwürfe, verletzender Schlagworte, ungebetener Gäste. Heute noch gibt es in Lateinamerika Schriftsteller, die auf der Suche nach der verlorenen Einsamkeit umherirren. Mittlerweile erheben sich neben ihnen die Völker, der Stoff wird immer vielfältiger; sie versuchen indessen immer noch heroisch, sich in ihre Frustrationen einzuspinnen und diese schliesslich umzuwandeln — in ein Meisterwerk.

3. Die Wohltaten der Privilegien

Diese zwanzig Jahre Revolution also hatten verschiedenartige Folgen im literarischen Gefüge Lateinamerikas. Teils wirkten sie sich auf die Arbeit aus, teils aufs Verhalten. Fangen wir bei den Arbeiten an. Vor der kubanischen Revolution war die lateinamerikanische Realität bewegungslos und versteinert. Für die herrschenden Klassen bestand keine Gefahr, und dieser Unangefochtenheit entsprechend machten die beherrschten Schichten den Eindruck, als hätten sie sich für alle Zeiten damit abgefunden. Leute, die einstmals noch als fortschrittlich gegolten hatten, liessen ihr Feuer nach und nach ausgehen und stellten ihre erloschenen Öfen in den Dienst des Imperiums. Haya de la Torre, Figueres, Betancourt [4] stellten ihre Anstrengungen für die Unabhängigkeit ein und setzten fortan auf eine vermittelnde "Zwischenmacht" (im Falle Hayas nicht einmal das). Die kubanische Revolution wirkte wie ein Pflasterstein im Goldfischteich. Das Wasser geriet in Bewegung und diese Bewegung hatte zur Folge, dass die Beherrschten wieder erkannten, dass ihre Hoffnung noch nicht tot war, sondern sich nur schlafen gelegt hatte; die Herrschenden begannen wieder zu fürchten, dass ihre Sicherheit nicht ewig währen, sondern provisorisch sein könnte. Die Arbeiter, die ihre Forderungen nach anständigen Löhnen, Lebens- und Arbeitsbedingungen zwar immer hochgehalten hatten, sahen ein, dass das Problem komplexer, ihre Forderungen zu begrenzt, zu verzettelt waren und dass sie nur dann einen Sinn bekamen, wenn man sie mit umfassenderen, grundsätzlicheren Forderungen verknüpfte; das heisst, dass gewerkschaftliche Opposition in einem weiteren und zugleich strengeren Rahmen des Klassenkampfes gesehen werden muss. Jedenfalls bewirkte die neue Realität, dass die traditionellen Themen durcheinandergerieten und neu geordnet werden mussten; ausserdem brachte sie neue Themen hervor. Die Vergangenheit wurde durchleuchtet mit den Lichtern der Gegenwart und setzte ungeahnte Lernprozesse in Gang. Und die gleichen Lichter erhellten die Zukunft, wo sich Möglichkeiten abzuzeichnen begannen, an die nur noch wenige Visionäre geglaubt hatten.

Dieses kontinentale Aufwallen brachte es mit sich, dass die Realität immer reicher und vielfältiger wurde, eine Ausweitung, die sich auch in der Literatur niederschlug. Der gleiche weite Weg, der von dem sanften Mallea oder dem feinsinnigen Borges bis zu dem experimentierfreudigen Cortázar von *Rayuela* (1963)[5] dem dynamischen Viñas von *Hombres de a caballo* (Reitertruppen) führt, der führt auch von einer scheinbar ruhigen Realität zu der phantastischen Erfahrung und kühnen Herausforderung der Revolution. Erzähler, Dichter, Dramatiker, Essayisten sind Kinder der lateinamerikanischen Revolution (legitime und andere, getaufte und verstossene). Mitunter ist die Verwandtschaft nicht offenkundig, die Beziehung nur sehr entfernt; oftmals wissen Autoren selber nicht, wie sehr ihr Werk von den Gegebenheiten ihrer Umwelt abhängt. Aber die Welt wird es zeigen, wird Wurzeln und Zusammenhänge, das Unbekannte und die Ursprünge allmählich enthüllen. Die kubanische Revolution hat ein für allemal aufgeräumt mit einem gewissen Gleichmut, der unerschütterlich schien und mit der routinemässigen Resignation gewisser Linkskreise; sie hat gleichzeitig auch Schluss gemacht mit imperialistischen Dogmen, die im neokolonialen Hinterhof geschaffen, verbreitet und allseits anerkannt worden waren. Die kubanische Revolution hat unsere Völker gelehrt, dass das vorherrschende Bild vom Lateinamerikaner eine armselige, entstellende Karikatur war, die allein den Ausbeuterzwecken des Imperialismus diente.

Mit der kubanischen Revolution wurde auch eine neue Art antiimperialistischer Politik möglich, experimentierfreudig und phantasievoll. Und im gleichen Zuge brach nun auch die lateinamerikanische Literatur mit alten Vorstellungen, alter Rhetorik und Routine und warf sich begeistert auf neue Versuche (besonders die Prosa; etwas weniger stark auch Poesie und Theater). Und so, wie die Politik sich mit Wirtschaft, Kultur und Religion vermischt, so fingen auch die literarischen Genres an, sich untereinander zu vermischen, stiess der Journalismus ins Theater vor, die Poesie in den Roman, erzählende und berichtende Elemente fanden Eingang in die Poesie. So gab es schliesslich auch in der Literatur ein paar Angriffe aufs Unmögliche; und die entsprechenden Niederlagen schreckten nicht ab, sondern eröffneten Wege zu weiteren Versuchen, die zum Erfolg führten wie *Rayuela* oder *Cien años de soledad* (1967) [6] usw. Natürlich war mit dieser Experimentierfreude, dieser Selbsteinschätzung des Schriftstellers als Avantgarde eines schöpferischen Prozesses, auch eine bestimmte Gefahr verbunden: Man schrieb nun für eine grössere Elite, die aber nichts desto weniger verbildet und snobistisch blieb; die zwar in der Lage war, die neuen Entdeckungen und den neuen Umgang mit der Sprache zu geniessen, allerdings vom Standpunkt einer sehr oberflächlichen Weltanschauung aus.

Die Medien (von der herrschenden Klasse gewöhnlich als Desinformationsmittel gebraucht) hatten die neue Lage schnell erfasst und stimulierten sie, umgaben sie mit einem spektakulären Apparat und verteilten mässige, aber glanzvolle Auszeichnungen, deren subtile Wirkung mehr der Eitelkeit als dem Bankkonto schmeichelten. Und der Schriftsteller sah sich plötzlich in Manöver verstrickt, auf die er nicht vorbereitet war; er wurde als ideologisches Werkzeug missbraucht und bemerkte häufig nicht einmal, dass die Ideologie, der er solchermassen diente, ganz im Gegensatz zu dem stand, was er in seinem Werk oder im Leben oder in allen beiden zu vertreten pflegte. Diese komplizierten Beeinflussungsmanöver waren zweifellos auch eine, wenn auch indirekte, Folge der möglich gewordenen Revolution. Da sich der lateinamerikanische Schriftsteller, ob zu Hause oder im Exil, fast immer von der revolutionären Möglichkeit angezogen fühlte (um nicht zu sagen, versucht), galt es, ihn zu neutralisieren. Der Imperialismus suchte dies zu erreichen, indem er ihn mit einer elitären Ambience umgab, ihm die Segnungen von Privilegien zuteil werden liess, seiner Eitelkeit schmeichelte, ihn mit Auszeichnungen, Stipendien, Reisen, Übersetzungen und Coverstories besänftigte. Und mit alledem gab er ihn fast unmerklich auch noch der Lächerlichkeit preis, oder versetzte ihn zumindest in eine unerquickliche Lage jenen Volksschichten gegenüber, die von ihm ein anderes, ein klares und nüchternes Verhalten erwarteten, engagiert nicht nur auf dem Papier, sondern auch im täglichen Leben. Aber auch für andere

Schriftsteller — teils weniger begabt, teils weniger opportunistisch —, die das Manöver rechtzeitig durchschauten und sich auf das geschickt aufgezogene Spiel nicht einliessen, war die Sache nicht einfach. Denn die Kommunikation mit dem Volk war mit alten, abgedroschenen, überholten Mitteln nicht mehr herstellbar.
Revolution ist für die Kultur immer eine gewaltige Herausforderung. Einerseits verlangt eine Revolution von der Kultur kategorisch, dass sie das ganze Volk umfasse. Und andrerseits verpflichtet sich die Kultur — und sie tut gut daran —, nicht in Populismus zu verfallen, das heisst, sich nicht zu einer routinemässigen Befriedigung der Volksmassen herzugeben. Das wäre zweifellos am einfachsten und würde am wenigsten Anstrengung und Phantasie kosten. Aber ein revolutionärer Künstler kann sich nicht auf seichte Oberflächlichkeit einlassen; das verbietet ihm sowohl der Respekt vor dem Volk wie auch vor sich selber. Respekt vor dem Volk, weil es sonst eine verächtliche Unterschätzung wäre und bedeuten würde, dem Volk Sensibilität, Intuition und Entfaltungsmöglichkeit nicht zuzutrauen. Und Selbstachtung, weil in der Oberflächlichkeit immer auch etwas wie Verrat am eigenen Arbeiter-Bewusstsein steckt (des intellektuellen Arbeiters), welches den Schriftsteller doch gerade antreibt, auf bestmögliche Art der Allgemeinheit zu dienen.

4. Die gehätschelte Künstlereinsamkeit

Man darf nie vergessen, dass auch der sogenannte Volksgeschmack zu einem guten Teil das Ergebnis einer massiven Entfremdungskampagne des Imperialismus (oder durch diesen zumindest inspiriert) und seiner einflussreichen Massenmedien ist. Diesem Geschmack nachgeben, und wäre es auch unter umgekehrten Vorzeichen, würde heissen, die Entfremdung gewissermassen noch zu fördern. In einem revolutionären Prozess, und schon in den Zeiten davor, muss das Volk von sich aus diesen Geschmack überwinden, sich lösen von den entfremdenden Versuchungen, um seine eigenen legitimen Bedürfnisse entdecken und

wahrnehmen zu können. In diesem Prozess aber kann der Beitrag des Intellektuellen und Künstlers, sofern er in der Mitte des Volkes selber entsteht, entscheidend sein.
Wie kommen wir überhaupt auf die Auffassung, das Volk sei unfähig, sich mit dem Werk eines Künstlers, Filmemachers oder Dichters auseinanderzusetzen? Kuba liefert zwei Kronzeugen: den Dokumentarfilm und das politische Plakat. Santiago Alvarez und die ganze Equipe des ICAIC [7], ebenso wie die Plakatemacher des DOR [8] und andere Organisationen, wenden sich ans Volk, und sie gelangen auch ans Volk, wecken sein Interesse, fordern seine Phantasie heraus. All das erreichen sie nicht durch Simplifikationen, aber auch nicht durch die enge Auslegung des sogenannten "sozialistischen Realismus" oder irgendeinen Abklatsch von Realität, sondern durch experimentelle Vorstösse, kreative geistige Beweglichkeit, schöpferische Freiheit, mit Bildern, die etwas in Gang setzen. Jedes Plakat ist verschieden vom anderen, jeder Dokumentarfilm des ICAIC scheint seinem eigenen Gesetz zu folgen. Da ist nichts von jener tödlichen Einförmigkeit gewisser Kunstproduktionen, die als "fürs Volk bestimmt" deklariert werden; Einförmigkeit übrigens, die in keinem Volk anzutreffen ist. Vielleicht liegt das ganze Geheimnis darin, dass man Kunst nicht in unzugängliche, abgeschlossene Schubladen versenkt und dem Zugang des Volkes entzieht durch einen dicht verschlüsselten Apparat von Begriffen, die man weder aussprechen noch denken, sondern ausschliesslich in Wörterbüchern nachschlagen kann.
Aber vielleicht liegt das Geheimnis auch bei der Intention des Künstlers oder Schriftstellers. Wenn seine Hauptabsicht ist, Zugang und Verstehbarkeit seines Werkes auf die immer gleiche Elite zu beschränken, wird sein experimentelles Renommierstück Türen und Fenster verriegeln und bestenfalls die Losungsworte für den Adressaten des Mysteriums draussen liegen lassen. Aber wenn bei allen Schwierigkeiten, welche experimentelle Kunst mit sich bringt, dennoch die feste Absicht besteht, damit ans Volk zu gelangen, wird der Autor für den Leser, Betrachter, Zuhörer die erforderlichen Wegmarken in sein Werk einstreuen (bewusst oder nicht), damit jener schliesslich den

Zugang zu seiner Erfindung, seiner Entwicklung und zu seinem Genuss selber findet.
Wir wissen, dass Revolution auch Partizipation bedeutet. Vielleicht fehlt es noch an Einsicht, dass auch die revolutionäre Kunst Partizipation, nicht Isolierung, meint. Partizipation heisst nicht, in statischer Weise und möglichst beharrlich Kunstäusserungen beizuwohnen, die ja unter dem Vorwand des Politischen auch durchaus konservative, und sogar reaktionäre Formen haben können. Partizipation bedeutet Teilnehmen am künstlerischen Prozess, sich einlassen auf ein Werk, und sei es auch nur mit kritischer Aufmerksamkeit. Die Schauspieler in den Städten Südamerikas, welche sich jeweils in die Warteschlange des Publikums stellen und ein Gespräch vom Zaun reissen — anfänglich nach einer Textvorlage, doch dann wird es durch spontane Entgegnungen der Umstehenden weiterentwikkelt —, stellen die Fähigkeit des Gauklers sozusagen in den Dienst des Volkes und zwar sicher nicht, um persönlich gross herauszukommen (da ist auch kein Vorhang, der fällt, kein Parkett, das frenetisch applaudiert), sondern um soziales Bewusstsein zu schaffen, den Zuschauern ihre eigenen Probleme besser vorstellbar zu machen, Verantwortliche zu entlarven. Manche Schriftsteller schreiben heute Lieder. Die Volkssänger, auch die besten unter ihnen, verfügen nicht immer über das unerlässliche dichterische Können, um ihren Liedtexten eine durchschlagende Wirkung zu sichern. Der Dichter (manchmal auch ein professioneller Musiker) nimmt auf diese Weise teil an einer Gruppenarbeit. Das Lied (Ergebnis des Zusammenwirkens von Dichter, Komponist und Sänger) kommt als abgerundetes Produkt heraus und ist meist von besserer Qualität. Viele solche Texte sind sehr populär geworden, und wie übrigens die meisten Erfolgssongs werden sie dem Sänger zugeschrieben; die Autoren von Musik und Text sind dem Publikum selten bekannt. Was könnte dem Dichter mehr Befriedigung verschaffen als zu wissen, dass das Volk seine Lieder singt, ohne zu wissen, dass sie von ihm kommen! Es klingt paradox, dass die Zufriedenheit in solchen Fällen grösser ist, vielleicht weil darin eine kleine Lektion an Bescheidenheit enthalten ist (aber vielleicht ist es auch die ur-

sprünglichste und legitimste Art von Stolz), etwas, was dem Dasein und Werk eines Schriftstellers eine besondere Würde verleiht.

Die *mögliche* Revolution zieht also auch eine mögliche revolutionäre Kunst nach sich. Und wenn sie ihrer Absicht nach revolutionär ist, kann man von ihr nicht sogleich verlangen, dass sie auch die Formen revolutioniert. Die Dokumentarfilme der ICAIC, die Plakate des DOR, die Schauspieler auf der Strasse, die Dichter, die Lieder schreiben — sie alle sind vielleicht überhaupt erst früheste Formen einer Möglichkeit. Das verfügbare Gelände ist grenzenlos. Tatsächlich stehen wir erst am Anfang und tappen noch ein wenig im Dunkeln in diesem schwierigen Verhältnis von Kunst und Revolution. Die individualistische Auffassung von Kunst gerät zwar zusehends in eine Krise, aber der Prozess ihrer endgültigen Auflösung dürfte zweifellos noch viele Jahre dauern. Wir alle sind gewissermassen noch Sklaven jener Auffassung. Auch wenn wir uns der revolutionären Sache verschreiben oder es wenigstens versuchen, auch wenn nur an einem Tag gelegentlich ein Funke zu uns springt, und dann viele Tage lang keiner mehr, so werden wir auf jeden Fall Wege, Mittel und Instrumente finden — nicht, um mit dem Volk zu kommunizieren (als ob wir etwas anderes wären als das Volk!), sondern um in seiner Mitte zu schaffen, uns mittendrin zu fühlen, wo unser Platz ist. Aber auch wenn es uns manchmal gelingen mag, dieses Empfinden herzustellen, so bleibt dennoch wahr, dass wir fortfahren und noch lange Zeit fortfahren werden, als unverbesserliche Individualisten zu denken, zu fühlen, zu malen, zu schreiben. Geben wir es ruhig zu (es ist keine Frage des Selbstbetrugs), aber lassen wir uns andrerseits auch nicht weismachen, es handle sich dabei um ein Übel, gegen das kein Kraut gewachsen sei. Es gibt immer noch Ideologen, die die Einsamkeit als eigentliches Habitat des Schriftstellers preisen; Ideologen, oder Pseudoideologen, die diese Einsamkeit zur erhabenen Quelle der Eingebung und des Schaffens emporstilisieren. Und sicher hängt uns dieser Hemmschuh immer noch an. Aber ebenso sicher wird es uns gelingen, uns aus dem Niemandsland (es ist nicht einmal das unsere), welches die Einsamkeit ist, immer wieder zu entfernen, je stärker wir uns auf die Gemeinschaft einlassen, an den Sorgen der Allgemeinheit teilnehmen, ein soziales Bewusstsein entwickeln. Hierzu ein paar Zeilen, die der Argentinier Raúl González Tuñon verfasst hat — humorvoll und sehr wahr:

Ja, Herr Rilke, der Schöpfer ist einsam,
aber nur im Schöpfungsakt, wie gesagt.
Denn davor — Sie sahen es selbst in einem lichten Augenblicke — geht er, so er begabt ist, in die Welt hinaus
und stellt seine Betrachtungen an,
in den Sümpfen, und den Sternen, im Blut, in den Menschen
und im dichten Strassengewühl der Märkte

Tatsächlich muss er dort anfangen, wenn er seinen Mitmenschen porträtieren will. Zuerst einfach als solchen, dann in einem gesellschaftlichen Zusammenhang und schliesslich als ein ganzes Volk. Das Volk ist die einzige Macht, die uns Schriftsteller aus unserer Einsamkeit befreien kann. Also muss nach der Agrarreform und nach der Stadtreform auch diese andere, nicht weniger wichtige Reform noch durchgeführt werden: Die Seelen- oder Gemütsreform [9] . Es ist klar, dass dieser kollektive Nächste uns reichlich entschädigen wird: mit neuen Werten, neuem Bewusstsein, einer Solidarität, die nicht für Geld zu haben sind. Wenn der Schriftsteller einmal begreift, dass auch er in diese Grosszügigkeit eingeschlossen ist, dann wird es möglich, dass auch seine Einsamkeit (wie Onetti bezüglich des Unglücks sagt) "merkt, dass sie unnötig ist" — und dann langsam zu vertrocknen beginnt, sich ablöst und abfällt.

5. Der partizipierende Leser

Eine solche Umwandlung ist dennoch nicht so einfach zu bewerkstelligen, wie es den Anschein hat. Schon deshalb nicht, weil sie sich in Widerspruch setzt zu jener elitären Auffassung (und mit ihr bricht), wonach der Schriftsteller seine Kunst bis dahin nur dank seiner Bildung (oder Verbildung) praktiziert habe. Zwischen der Kunst als Privateigentum und der Kunst als Gemeinschaftsgut liegt nicht nur ein symbolischer Graben, sondern eine ganze Weltauffassung.

Es ist klar, dass man im Verlauf dieses schwierigen Prozesses sehr leicht wieder in Routine und Schematismus verfallen und eine Ersatzrhetorik entwickeln kann. Davor fürchten sich gewisse Schriftsteller bis zur Hysterie und sie verschanzen sich lieber hinter ihrer Einsamkeit, einer Barrikade übrigens, die im allgemeinen aus soliden, fast unüberwindlichen Frustrationen errichtet ist. Wenn dann jemand eine Kunst nicht für das Volk, sondern aus dem Volk heraus vorschlägt, fällt diesen Gesalbten des Individualismus automatisch der Stalinismus ein; sie sind fest überzeugt, dass ein solches Unterfangen unausweichlich in den sogenannten "sozialistischen Realismus" führt und sie beginnen sofort, alle Teufelsbeschwörungen dagegen zu publizieren. Dass man im Jahre 1973 immer noch glauben kann, der "sozialistische Realismus" sei die einzig mögliche Alternative zur elitären Kunst, ist allein schon ein unverhohlenes Eingeständnis von Phantasiearmut. "Wozu noch in den erstarrten Formen des sozialistischen Realismus das allein mögliche Heilmittel suchen wollen?" hat schon Che gefragt.

Ich sagte, revolutionäre Kunst bedeute auch Partizipation. So ist es: eine solche Partizipation stellt für die Kunst in Zukunft zugleich eine Möglichkeit unermesslicher Bereicherung dar. Einzelne Künstler und Kunstkritiker, hauptsächlich in europäischen Kulturzentren, haben Vorstellungen davon entwickelt. Man hat immer wieder vom *Leser als Komplizen* gesprochen (auch Cortázar nimmt diese Anregung auf — das Wort stammt wahrscheinlich von Robbe-Grillet und aus der "Sehschule" — und macht in *Rayuela* etwas viel Dynamischeres daraus, das aber gleichwohl leicht elitär bleibt); man sprach vom partizipierenden Leser, vom "offenen Kunstwerk". Der spanische Kritiker José Maria Castellet spricht sogar von der "Stunde des Lesers". Dennoch haftet auch dieser Auffassung noch etwas Exklusives, Diskriminierendes an. Scheinbar erweitert der Autor seinen Aktionsradius, indem er eine Zone offen lässt, nicht definiert, damit der Leser dort seinen eigenen

Beitrag oder sich selber einbringe. Aber diese “Partizipation” ist in gewisser Weise auch eine Täuschung. Der Autor sucht in Wirklicheit nicht irgend einen Leser, sondern eigentlich einen Komplizen, das heisst seinesgleichen, einen Gleichgesinnten. Gleich einem Radar wird das literarische Werk auf ein kulturelles Umfeld gerichtet, um dort die nächsten Verwandten auszumachen. Und findet sich ein Leser-Komplize, so offenbart sich die Verwandtschaft in augenzwinkerndem Einverständnis, in Klassenlosungen. Aber Komplizenschaft ist nicht Partizipation. Der Komplize bestätigt und untermauert lediglich das Bündnis eines beschränkten Clans gegen die Mehrheit. Der Partizipierende dagegen *ist* die Mehrheit. Befriedigung und Genuss des *Komplizen* entsteht gerade aus dem Wiedererkennen von Signalen, Hinweisen, Losungen, die ihn von der Mehrheit abheben und mit einer auserwählten Minderheit verbinden. Diese flüchtige Übereinstimmung jedoch gewährt in keiner Weise einen dauerhaften, brüderlichen Zusammenhalt. Sie bedeutet lediglich, dass die Einsamkeit des Schriftstellers sich in Komplizenmanier mit der Einsamkeit des Lesers verbindet. Das Zusammentreffen zweier Individualisten jedoch führt nie zum gleichen Zusammenhalt wie die Solidarität zweier Partner, die durch das gleiche soziale Bewusstsein miteinander verbunden sind. Gerade deshalb aber verhält sich der *Leser-Partner* (nicht der Leser-Komplize) dem Schriftsteller gegenüber streng und wachsam, beurteilt er nicht nur das Werk, sondern auch das Verhalten des Schriftstellers — mag sein, weil er ihn wie seinesgleichen einschätzt und nicht wie eine einzigartige Persönlichkeit, die von Zeit zu Zeit in unwiderrufliche magistrale Sentenzen ausbricht. Er beobachtet und fordert ihn, wie man sich selbst beobachtet und fordert. Das will nicht heissen, dass er auf die absolute Wahrheit abonniert ist, keiner ist unfehlbar in solchen Prozessen, alles kann korrigiert und richtiggestellt werden. Aber der Dialog und vor allem auch die Kritik erhalten einen anderen Sinn und eine andere Kraft, sind fruchtbarer, wenn sie auf einer Ebene der Gleichheit ausgetragen werden, in gegenseitigem Vertrauen, unter wechselseitigem Lernen, unter Arbeits- und Risikobeteiligung.

Es ist offenkundig, dass man diesem Problem nicht mit Wunschdenken beikommt. Im möglichen Leser-Partner stecken alte Widerstände, im Künstler nicht weniger alte Vorurteile — auch in dem, der ernsthaft versucht, eine echte revolutionäre Kunst hervorzubringen. Längere Zeit hindurch beobachten sie sich misstrauisch und suchen einander gegenseitig abzuschätzen wie Kröten aus verschiedenen Teichen (jede Kröte in ihrem privaten Teich), ja sogar manchmal wie Feinde oder doch wie zwei Wesen von grundverschiedener Art. Der Wandel braucht seine Zeit, bis die einen und die anderen endlich zur Überzeugung kommen, dass sie gleicher Art sind. Es ist klar, dass es zur Beschleunigung eines solchen Prozesses nichts besseres gibt als eine Renovation, aber dieses Rezept liegt nicht immer im Bereich von Autoren und Lesern. Ausserdem bedeutet der Sieg einer Revolution nicht automatisch die Lösung sämtlicher Probleme in 24 Stunden oder Monaten. Wenn schon Marx, Lenin und Che in dieser Hinsicht verständliche Zweifel und Besorgnisse äusserten, so werden auch wir nicht das Pulver erfinden am runden Tisch oder auf einem Fetzen Papier.

Aus diesem Grunde ist es auch wahrscheinlich, dass diese nun 20 Jahre alte *mögliche* Revolution im politischen und wirtschaftlichen Bereich rascher vorangekommen ist als im spezifisch kulturellen. Revolution ist immer das wichtigste Kulturereignis, das jede Gemeinschaft erstreben kann und muss. Aber eine *mögliche Revolution* ist noch nicht dieses Ereignis, ist noch nicht Realität, ist lediglich Perspektive — mit einem Schimmer von Realität, die im Entstehen begriffen ist, inmitten des neokolonialen, unterentwickelten, vom Imperium durchdrungenen und von herrschenden Klassen regierten Umfeldes. Und dementsprechend ist auch das Werk eines Schriftstellers (auch des fortschrittlich denkenden und handelnden, auch des Systemkritikers), der in diesem Umfeld arbeitet, immer bedingt, beeinflusst und begrenzt durch die Ideologie der selben herrschenden Klasse. Dies in einer Weise, dass ein linker Schriftsteller, der den Weg der Revolution eingeschlagen hat und demzufolge das System grundsätzlich in Frage stellt, dahin gelangen muss, auch sich selber zu befragen und alles, was er bis dahin produziert hat. Denn auch sein künstlerisches Produkt könnte ja, ohne dass er sich dessen gewahr wurde, durchsetzt sein von der alles durchdringenden Ideologie, wie der Imperialismus sie mittels Stiftungen und ähnlichen Organen in Gang setzt. Der Schriftsteller sollte noch weiter gehen und auch seinen Individualismus in Frage stellen, das berühmte "Leiden" einmal nüchtern bei Tag besehen, um die Pathetik seiner Existenzangst auf normale Proportionen zurückzuführen. Eine kleine literarische Nabelschau genügt; der Intellektuelle ist nicht das einzige Opfer, nicht der einzige Märtyrer. Vielleicht muss der lateinamerikanische Schriftsteller die Bescheidenheit noch lernen, so wie er in seinen beruflichen Anfängen die Syntax lernen musste. Bescheidenheit ist so etwas wie eine revolutionäre Syntax und keineswegs nur ein Etikett, das man sich aufklebt. Meist ist es verlorene Liebesmüh, wenn ein Schriftsteller seine Bescheidenheit beteuert, während seine Eitelkeit im engeren Umkreis sichtlich brodelt wie ein Vulkan. Der Künstler, der wirkliche Bescheidenheit kennt, braucht sie nicht zu beteuern, sie ergibt sich ganz natürlich aus seinem Leben, seinem Werk — als normale Folge seiner Eingliederung in einen grösseren Prozess.

Diese Infragestellung seiner selbst sollte allerdings auch nicht bis zur Selbstgeisselung getrieben werden. Die Erkenntnis, dass die Ideologie der herrschenden Klasse teilweise auch ins eigene Werk eingeflossen ist, sollte kein Anlass sein, sich von da an bis in alle Ewigkeit mit Selbstanklagen zu verfolgen. Stellen wir es einmal sachlich fest und gehen dann darüber hinweg. Es gibt nichts Ärgerlicheres als das krankhafte Auswalzen der eigenen Mängel, die vielleicht sogar unvermeidlich gewesen sind und jedenfalls der Vergangenheit angehören. Eine Revolution wird nicht von engelsgleichen, unbefleckten Wesen durchgeführt (auch nicht mit und für dergleichen), sondern von Männern und Frauen aus Fleisch und Blut (und das ist es vielleicht auch, was sie überhaupt möglich macht). Aber freilich von Leuten, die bereit für einen Wandel sind, mit allen Risiken, Opfern und Anstrengungen, die ein solcher Wandel mit sich bringt und erfordert.

Revolution ist auch eine Art Gipfel der Gerechtigkeit. Wir

wollen daher mit der Vergangenheit nicht ungerecht verfahren. Fidel wies darauf hin, dass Martí [10] der intellektuelle Urheber der Moncada gewesen sei. Und so finden wir aus früheren Epochen Sätze, Verse, Abschnitte, Kapitel und manchmal ganze Bücher, die zu intellektuellen Urhebern unserer eigenen kleinen Moncadas werden können — und ausnahmsweise auch zum Moncada eines ganzen Volkes. Literatur für sich genommen hat noch nie eine politische Revolution hervorgebracht, aber im Verlauf der Geschichte unseres Amerika hat es viele Werke gegeben, von denen man feststellen kann, dass sie einen Beitrag geliefert haben, indem sie Konflikte erhellten, verschiedene Formen der Menschenwürde sichtbar werden liessen, die Ursachen von Kämpfen aufdeckten, die Entwicklung eines Volkes begleiteten. Der Kampf, den wir heute führen — auf den verschiedensten Ebenen — ist nicht von heute, er begann vor zwanzig Jahren: Die Revolution wurde eine Tatsache, die jetzt am Anfang unserer Geschichte steht. Die unbestreitbare Stärke, die Bedeutung der Moncada liegt nicht darin, dass mit ihr die Revolution erfunden worden wäre, sondern in der Tatsache, dass damals der Stab aus Martís Hand übernommen wurde, wie Martí ihn seinerseits von früheren Revolutionen übernommen hat; die Stärke jenes unvergesslichen 26. Juli war, in Amerika den überfälligen Funken der Revolution wieder entzündet zu haben.

Diese zwanzig Jahre Literatur sind auch zwanzig Jahre des Wandels, der sich allerdings nicht nur im Werk des Schriftstellers ausdrückt, sondern sehr grundlegend auch in seinem Leben und folglich auch in seiner ganzen Lebensauffassung. Zwar haben sich viele Schriftsteller schon revolutionär genannt und hinterher zeigte sich dann, dass sie in Wirklichkeit auf eine utopische Revolution hinauswollten. (Stellen wir hier beiläufig klar, dass mit *utopischer Revolution* natürlich nicht der Angriff aufs Unmögliche gemeint ist, sondern vielmehr die stillschweigende Annahme, dass Revolution etwas so Unerreichbares und Fernliegendes sei, dass keiner auf die unglückliche Idee kommen sollte, überhaupt irgendeinen Angriff unternehmen zu wollen; *die utopische Revolution* meint eine unangreifbare Unmöglichkeit, etwas Unmögliches, das anzugreifen sich verbietet.)

Die utopische Revolution hat den Vorteil, dass sie vollkommen ist und den Nachtteil, dass sie für alle Zeiten undurchführbar ist — was für die Kleinmütigen eine keineswegs enttäuschende Aussicht ist. Die mögliche Revolution dagegen hat den Nachteil, dass sie unvollkommen ist, aber den Vorteil, dass sie sich verwirklichen lässt, das heisst, dass die Geschichte ihr manchmal ihre Einwilligung gibt.

6. Auch Wahrheit kann man erfinden

Ein revolutionärer Prozess ist schwierig zu verstehen (und noch schwieriger zu beurteilen), wenn man ihn nicht erlebt hat. Wenn eine jüngere Generation in unseren Ländern über die in Europa niedergelassenen Schriftsteller besonders streng urteilt, richtet sich diese Ablehnung wahrscheinlich weniger gegen die schlichte Tatsache oder die Umstände des freiwilligen Exils als vielmehr gegen den Eifer, den viele dieser Schriftsteller an den Tag legen, um unermüdlich ihre Ansichten über die sich wandelnde Realität ihrer jeweiligen schwergeprüften Heimatländer kundzutun. Es gibt ein Bürgerrecht, das man nur durch persönliche Anwesenheit im Land erwerben und wahrnehmen kann (und zwar nicht nur durch geistige, sondern durch leibliche Anwesenheit), vor allem in den entscheidenden Momenten, in den Stunden der Gefahr. Der Schriftsteller kann es wie jeder andere Bürger zwar ablehnen; das ist nicht unbedingt sein Recht, aber doch eine offenkundige Möglichkeit. Doch wenn er es ablehnt, sollte er auch nicht urteilen.

Natürlich ist persönliche Anwesenheit auch keine Garantie für gültige literarische Zeugnisse. Die Schriftsteller, die sich in ihren Ländern politisch am stärksten engagiert haben, schreiben wenig. Und zweifellos schreibt sich ein ausgreifender, durchkomponierter Roman in Barcelona oder Madrid leichter als mitten in den Spannungen (wenn nicht gar im Gefängnis und unter Folter), die in Córdoba, Montevideo oder Caracas eine alltägliche Realität sind.

Jene, die das Schreiben als ihre vordringliche Aufgabe erachten, haben sicher gut daran getan, sich von den Brandherden fernzuhalten. Die anderen aber, die eine mögliche Revolution an die erste Stelle setzen (was nicht bedeuten muss, dass sie ihren literarischen Neigungen entsagen), täten besser daran, an jener Stelle auszuharren, die im journalistischen Jargon "Ort der Ereignisse" heisst. Die Realität kann den Schriftsteller spürbar bereichern, was wiederum nicht besagt, dass er sich ihr kritiklos unterwerfen soll. Aber die Realität bereichert den Schriftsteller gerade dann am meisten, wenn sie Sprungbrett wird für seine Phantasie, wenn sie direkt seine Einbildungskraft anregen und auslösen kann.

"Gelogen wird mehr als genug / meist aus Mangel an Phantasie. / Auch Wahrheit ist eine Erfindung." So hat es Antonio Machado ein für allemal gesagt. Aber wenn ein Schriftsteller genügend Phantasie hat, um eine Wahrheit anstelle einer Lüge zu erfinden, wächst diese erfundene Wahrheit merkwürdigerweise sofort mit der Realität zusammen. Die erfundene Wahrheit und die Realität nähren sich gegenseitig. Das kann so weit gehen — wie etwa im Fall von Jules Verne — dass sich erfundene Wahrheit nachträglich in Realität verwandelt. Wie oft hat ein Erzähler doch das Gefühl, dass seine erfundene Welt nicht etwa Schilderung einer vergangenen, sondern eher Entwurf einer künftigen Realität sei. Und ganz erstaunlicherweise kann eine solche erfundene Wahrheit auch sozialistischer Realismus werden — nicht in der sektierererischen Bedeutung, wie sie Che Guevara kritisiert hat, sondern im wahren und doppelten Sinne sowohl von Realismus wie von Sozialismus, beide alles andere als utopisch, nämlich durchaus realisierbar. "Man sucht dann nach Vereinfachungen", sagte Che, "damit alle Welt es verstehe, damit die Funktionäre es verstünden. Aber damit wird auf echte künstlerische Forschungsarbeit verzichtet, wird die Frage der Kultur reduziert auf ein blosses Sich-Aneignen sozialistischer Gegenwart und einer toten Vergangenheit (ungefährlich, weil tot). Und so wird dann der sozialistische Realismus geboten — auf der Basis des Kunstschaffens aus dem vorigen Jahrhundert." Von Ches Betrachtungen ausgehend, könnte man vielleicht sagen, dass die erfundene Wahrheit sich nicht nur mit einer vorgestellten oder vorstellbaren Zukunft verbindet, sondern auch mit einer noch lebendigen

(und deshalb glücklicherweise noch gefährlichen) Vergangenheit.
Vielleicht sind Che Guevaras Überlegungen unsere beste Richtlinie für den Aufbau einer neuen Kultur. Ich vergesse nicht, dass auch der Che seine Zweifel hatte bezüglich dieser so komplexen und verwickelten Angelegenheit; aber andererseits hatte er klare, sehr klare Vorstellungen von dem, was im neuen Prozess grundlegend werden könnte. Auf der einen Seite "richten Avantgarden ihren Blick auf die Zukunft aus und hoffen auf eine Belohnung ihrer Mühen, freilich nicht im individuellen Sinn". Das heisst, "ihre Belohnung sehen sie in der neuen Gesellschaft". Andrerseits verstand er sehr genau die Bedeutung einer "echten künstlerischen Forschungsarbeit" und warnte vor dem Irrtum, "die künstlerische Gestaltungskraft des Menschen, der heute lebt und schafft, in irgendeine Zwangsjacke zu stecken". In keine rigorosen Mechanismen, kein Schema, kein Dogma, nichts dergleichen. Diese doppelte Absage an den krankhaften Individualismus und an die Einschänkung künstlerischer Schaffensfreiheit läuft zusammen auf eine tiefe Bejahung heraus. Eine Bejahung dessen, dass der grundlegende Kern aller Kultur in erster Linie in der Aufgabenstellung beruht und dann erst in der schöpferischen Arbeit. Der lateinamerikanische Schriftsteller sieht sich gegenwärtig vor eine beträchtliche Herausforderung gestellt: Schreiben für das Volk (und von ihm ausgehend) und dabei verzichten auf abgegriffene Formeln und durch Routine abgenutzte Rezepte.
Der neue Mensch fordert eine *neue Kunst* (oder wird sie demnächst fordern). Diese *neue Kunst* (die voraussichtlich nichts mit alten oder neuen Avantgarden zu tun haben wird, welche vielfach noch in esoterischen Experimenten befangen sind) könnte so etwas wie ein Angriff aufs Unmögliche werden. Auch hier könnte es geschehen, dass der lateinamerikanische Künstler verschiedene Niederlagen erleiden muss und dass seine Aufgabe, seine unumgängliche Pflicht dann sein wird, diese Niederlagen in Siege umzuwandeln — in echte Erfolge. Diese riesige Aufgabe können wir nur alle zusammen, gemeinsam voranbringen: Autoren und Leser, Künstler und Volk (oder genauer Künst-

ler inmitten des Volkes). Das isolierte Schaffen, der Elfenbeinturm, die saftigen Pfründe zum Schreiben des "Meisterwerks", die Mystifizierung der Einsamkeit, das alles wird wahrscheinlich wie ein Fossil aus der kulturellen Fauna und Flora hinter uns bleiben, und die neue Gesellschaft könnte lehrreiche Ausstellungen damit veranstalten. Um aber auf diese Höhen der Entwicklung von Kultur und Politik zu gelangen, müssen noch gewaltige Hindernisse und Versuchungen aus dem Weg geräumt werden.

Die nordamerikanische Politik, von Kissinger in gewisser Weise schon vorweggenommen, diese im Gefolge der militärischen Niederlage in Vietnam sowie anderen strategischen Gebieten selbstkritisch entworfene, neue Politik sieht anscheinend einen neuen Typ von Eroberung und Kolonisierung vor und wird voraussichtlich mehr mit Kultur und Wirtschaft als mit Granaten und Napalm zu tun haben. Kurz- und mittelfristige Gefechte werden sich wahrscheinlich auf Finanz- und Kulturmärkten abspielen. Kann sein, dass künftig nicht mehr Hunger und Unterentwicklung die stärksten Waffen sein werden, mit denen der Imperialismus seine Ausbeutungspolitik vorantreibt. Es ist nicht ganz unwahrscheinlich, dass schon in naher Zukunft die Invasionen der Marines ersetzt werden durch massive Landungen des USIS [11] und von Stiftungsorganisationen. Aber die gleichen Mittel, mit denen der Imperialismus militärisch besiegt werden kann — der revolutionäre Wille der Völker, die Phantasie im Dienst der Befreiung, die Mobilisierung der Massen und die verschiedenen Guerillabewegungen — müssen wir einsetzen, wenn die imperialistische Offensive nun die Fronten wechselt und eine davon die kulturelle sein wird. Um seine Übergriffe ein für allemal aus unserem Amerika hinwegzufegen, müssen wir auch an dieser Front unsere revolutionäre Willenskraft und unsere schöpferische Phantasie walten lassen — in einer Kultur der Massen, aber auch in einer Kultur-Guerilla. Es könnte unser bescheidener Beitrag dazu werden, dass auf lateinamerikanischer Ebene die *mögliche Revolution* sich schliesslich in *Revolution* verwandle.

Anmerkungen:

1 Bei Santiago de Cuba am 26. Juli 1953. Die erste grosse militärische Aktion der kubanischen Revolutionäre gegen das Regime Batista.

2 *José Artigas:* Einer der erfolgreichsten "Caudillos" im südlichen Amerika des letzten Jahrhunderts. Von 1811 bis 1820 führte er (hauptsächlich mit Unterstützung des Landproletariats) vom uruguayischen und argentinischen Hinterland aus einen Volksaufstand gegen Spanier und Portugiesen. Sein Ziel war vor allem eine umfassende Landreform, die die "Unglücklichsten zu den Bevorrechtigten" machen sollte. *Purificatión* hiess der Ort seines Lagerplatzes und Hauptquartiers.

3 Sehr zentral gelegene Strassenkreuzungen in Buenos Aires, Montevideo, Santiago de Chile bzw. La Habana.

4 *Víctor Raul Haya de la Torre (1895-1979); Peruanischer Politiker, Gründer der APRA (Revolutionäre amerikanische Volksallianz). José Figueras* (geb. 1906): Costaricanischer Politiker, war zweimal, in den 50er und 70er Jahren, Präsident seines Landes. *Rómulo Betancourt* (1908-1980); Venezolanischer Politiker, war während zweier Amtsperioden, in den 40er Jahren und 1959-1964, Präsident. Alle drei Politiker galten als Vertreter einer liberalen Linie. M.B.

5 Dt.: *Rayuela. Himmel und Hölle,* Frankfurt/M 1981

6 Dt.: *Hundert Jahre Einsamkeit,* Köln 1970

7 ICAIC — Instituto Cubano del Arte y la Industria Cinematográficos (Kubanisches Institut für cinematographische Kunst und Industrie)

8 DOR — Departamento de Orientación Revolucionaria (Abteilung für Revolutionäre Formation).

9 Im Original Wortspiel, wörtl.: "La reforma anímica (o sea, del ánimo y del ánima)"

10 *José Martí* (1853-1895): Bedeutender Schriftsteller und kubanischer Unabhängigkeitskämpfer. Martí ist einer der Pioniere des modernen Unabhängigkeitsdenkens in der Dritten Welt.

11 USIS: United States Information Service. US-"Informationsdienst", dessen Aufgabe es in der Hauptsache ist, die lateinamerikanischen Länder kulturell zu unterwandern. M.B.

Der Schriftsteller und seine Prioritäten [1]

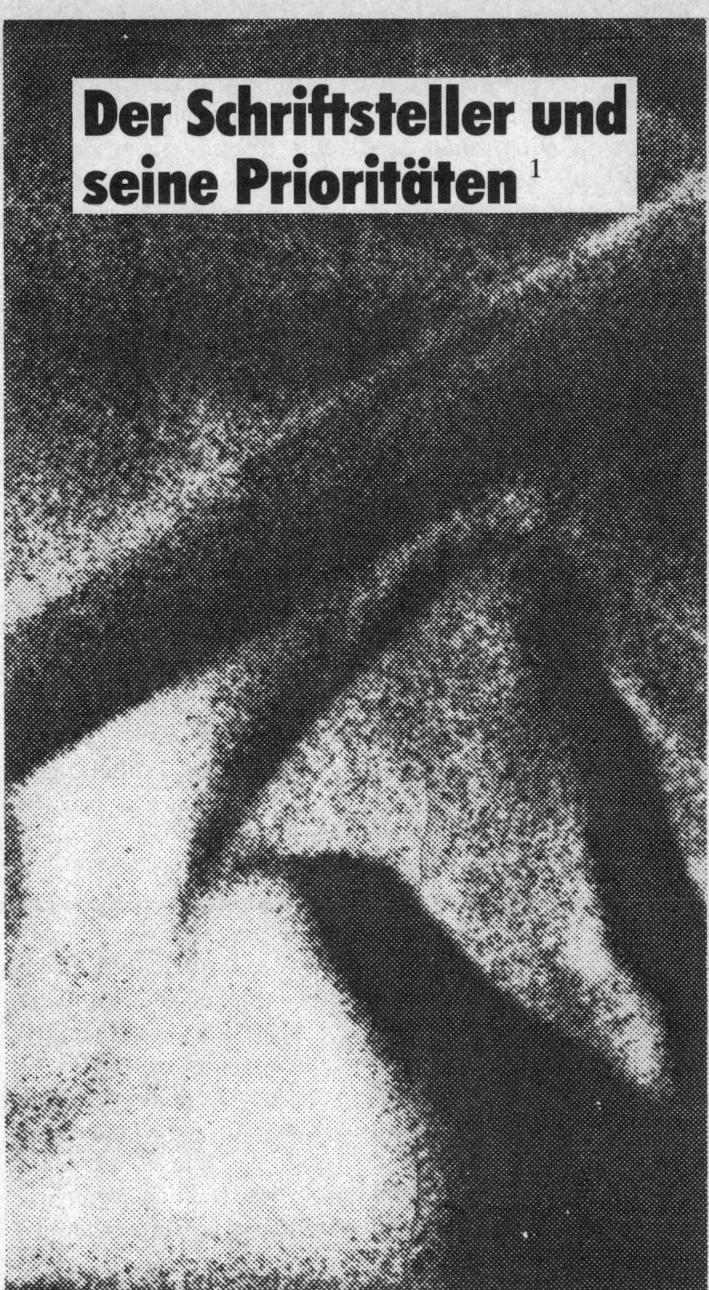

1. Ein Hauch von Feudalismus

Endlich ist die Bombe geplatzt. Während Jahren wurde die Sache aufgeschoben, umgangen, man wich ihr aus — aber sie war da. Wenn man der Padilla-Episode etwas zugutehalten kann, dann gewiss dies: dass sie Auslöser wurde für ein Problem, das unbedingt an die Hand genommen werden musste: nämlich das Verhältnis zwischen Kultur und Revolution (mit Untertiteln wie "Die Meinungsfreiheit des Schriftstellers", "Möglichkeiten der Kritik in einer sozialistischen Gesellschaft", "Unantastbarkeit des Künstlers" und so weiter). In gewissem Sinne sind wir alle verantwortlich für jenes Versäumnis, von den revolutionären Politikern bis zu den Intellektuellen, die sich (ob zu Recht oder Unrecht) Linke nennen. Aber die Hauptverantwortung tragen zweifellos die Intellektuellen, da nun einmal das Denken — etwas vereinfacht ausgedrückt — ihr Beruf ist, und zwar Denken nicht als geistiger Auswuchs, sondern als eine ständig sich entwickelnde Fähigkeit, eine Form von Vitalität, eine Auseinandersetzung mit der brennenden, aktuellen Realität, die man wahrnimmt, erfasst und interpretiert. Eine Form allerdings auch, bei der man es sich nicht im Elfenbeinturm des verbalen Purismus bequem macht, um von dort aus Normen zu diktieren, Forderungen aufzustellen, Vorgehensweisen zu beurteilen und Richtlinien herauszugeben darüber, wie Revolutionen ablaufen müssten und wohin sie sich zu richten hätten.

Es ist klar, dass eine solche in Entwicklung begriffene Fähigkeit um ihrer selbst willen ständigen Anpassungen unterzogen werden muss und dass einige davon im bürgerlich erzogenen und gebildeten Intellektuellen beträchtliche Verwirrungen anrichten können. Wir dürfen nicht vergessen, dass wir alle — die einen mehr, die anderen weniger — in gesellschaftlichen und pädagogischen Verhältnissen aufgewachsen sind, die vom Bürgertum vollständig beherrscht sind. Auch die Techniker, Fachleute und Künstler aus den unteren Volksschichten sind durch diese Mühlen gegangen, und es ist klar, dass einem dabei die vom Bürgertum geprägten und geförderten Eigenschaften und Vorurteile eingetrichtert werden. Aber gerade in diesen schwierigen Momenten der Verwirrung, Verstörung, Verunsicherung kommt der fortschrittliche Intellektuelle nicht mehr darum herum, seine Position klar zu definieren. Nach einer solchen schwierigen und kritischen Phase wird er unweigerlich entweder eine definitiv revolutionäre Haltung annehmen oder aber auf den mehr oder weniger liberalen Flügel des Bürgertums hinüberschwenken. Ich habe den Eindruck, dass wir gerade jetzt einen solchen Entscheidungsprozess erleben und dass es diesmal um einen wirklich schwerwiegenden Schritt geht. Ich möchte nicht behaupten, dass die Grenzlinie künftig eindeutig zwischen revolutionären und nur liberalen Intellektuellen verlaufen müsse (die definitiv konterrevolutionären haben sich schon lange entschieden, auch wenn einige von ihnen noch so tun, als äusserten sie sich zum erstenmal, herausgefordert durch den Fall Padilla); vielmehr glaube ich, dass jene Scheidelinie künftig zwischen Intellektuellen verlaufen wird, die sich strikte an überkommene Denkmuster halten und solchen, die sich jetzt ernsthaft an ein Überdenken der Lage — auch der eigenen — machen und die danach, ohne ihrer Eigenschaft als Intellektuelle oder Künstler abzuschwören, der Revolution Priorität einräumen.

Im *18. Brumaire des Louis Bonaparte* schrieb Marx: “Man muss sich nur nicht die bornierte Vorstellung machen, als wenn das Kleinbürgertum prinzipiell ein egoistisches Klasseninteresse durchsetzen wolle. Es glaubt vielmehr, dass die *besonderen* Bedingungen seiner Befreiung die *allgemeinen* Bedingungen sind, innerhalb deren allein die moderne Gesellschaft gerettet und der Klassenkampf vermieden werden kann. Man muss sich ebensowenig vorstellen, dass die demokratischen Repräsentanten nun alle Kleinkrämer sind oder für dieselben schwärmen. Sie können ihrer Bildung und ihrer individuellen Lage nach himmelweit von ihnen getrennt sein. Was sie zu Vertretern des Kleinbürgers macht, ist, dass sie im Kopf nicht über die Schranken hinauskommen, worüber jener nicht im Leben hinauskommt, dass sie daher zu denselben Aufgaben und Lösungen theoretisch getrieben werden, wohin jenen das materielle Interesse und die gesellschaftliche Lage praktisch treiben. Dies ist überhaupt das Verhältnis *der politischen* und *literari-*

schen Vertreter einer Klasse zu der Klasse, die sie vertreten."

Aus dem Getöse der jüngsten Verlautbarungen europäischer und lateinamerikanischer Intellektueller geht klar hervor, dass der eine oder andere seiner Lebtag nicht über die Schranken des Kleinbürgers hinauskommen wird. Diese Intellektuellen der europäischen Linken (sowohl jene aus den traditionellen Gruppierungen wie auch die Streiter einer neuen Bewegung, von der Sartre so sehr eingenommen ist) haben in ihrem eigenen geographischen Hinterhof bis heute noch keinen einzigen Sieg zu verzeichnen. Gerade das aber scheint ihnen uneingestandenermassen Befriedigung zu bereiten, denn ihrer Bildung und ihren geistigen Einstellungen entsprechend wirken sich Niederlagen künstlerisch weit vorteilhafter aus als ein Sieg. Vielleicht ist dies auch der Grund (und darin folgen ihnen mit Feuereifer die Lateinamerikaner in Paris und Barcelona), dass sie so grossen Enthusiasmus aufbringen für die Pariser Mairevolution — denn es ist eine zerschlagene Revolution — und sich so bedrückt fühlen von der kubanischen Revolution, die eine von denen ist, die Siege erringt.

Nicht zu vergessen, dass die Mairevolution zwar nur einen Toten hatte (eine Person, die in die Seine gefallen war), aber sage und schreibe 250 Bücher hervorbrachte. Für den europäischen Intellektuellen und den Lateinamerikaner, der insgeheim auch einer sein möchte, haben die erfolglosen Revolutionen den unleugbaren Vorteil, dass sie nachher nicht die undankbaren, unbequemen, anstrengenden Aufgaben hervorbringen, mit denen sich eine Revolution an der Macht konfrontiert sieht. Im Gegenteil, sie geben herrliche Themen ab für den Schriftsteller (Goytisolo, Semprún, Fuentes und andere Unterzeichner wissen das besser als jeder andere), ein ganzes Spektrum mit allen Skalen von Frustrationen, Bitterkeit, Minderwertigkeitskomplexen, nächtelangen Diskussionen, gleichmässiger Verteilung der Schuldfrage und vielen anderen aus ästhetischer Sicht nicht weniger interessanten Details. Leider werden Revolutionen im allgemeinen nicht aus ästhetischen Motiven, sondern aus Gründen der sozialen Gerechtigkeit durchgeführt.

Die Befreiungsversuche in Lateinamerika weisen allerdings ebenfalls eine Reihe von Niederlagen auf (und natürlich mit ungleich viel mehr Toten als der Mai-Aufstand); freilich bringen sie nicht Hunderte von Büchern hervor, dafür aber neue und immer entschlossenere Befreiungsversuche. Die Moncada-Niederlage hat sich Jahre später in einen Sieg über die Diktatur verwandelt; die anhaltenden Rückschläge der FRAP in Chile fanden später im Wahlsieg der Unidad Popular ihre Wende. Und die Niederlagen in Guatemala, Santo Domingo, Brasilien, Bolivien, Argentinien, Venezuela sind unverkennbare Lehrstücke zum Erringen von Siegen, die den gegenwärtigen Zusammenbrüchen unausweichlich folgen werden — weit mehr jedenfalls als nur Themen für Bücher, Artikel und Manifeste erleuchteter Geister in Europa.

Merkwürdigerweise war es nicht ein Europäer, sondern ein Lateinamerikaner, der Peruaner José Carlos Mariátegui, der schon 1925 so klare Erkenntnisse formulierte, dass sie ohne weiteres auf die aktuelle Lage übertragbar sind: "Unter den Unzufriedenen der kapitalistischen Ordnung sind Maler, Bildhauer, Literaten zwar nicht die aktivsten oder auffallendsten, wohl aber die erbittertsten und nachtragendsten. Der Arbeiter fühlt sich in seiner Arbeit ausgebeutet. Der Künstler aber fühlt sich unterdrückt in seinem Genie, eingeschränkt in seinem Schaffen, betrogen in seinem Anspruch auf Ruhm und Glück. Die Ungerechtigkeit, die er erleidet, erscheint ihm also drei-, vier- und mehrfach. Sein Protest entspricht seiner im allgemeinen unterschätzten Eitelkeit und seinem fast immer übertriebenen Stolz. In vielen Fällen allerdings ist dieser Protest in seinen Konsequenzen reaktionär. Enttäuscht von der bürgerlichen Ordnung äussert sich der Künstler dann skeptisch oder misstrauisch gegenüber proletarischen Unterfangen, eine neue Ordnung zu schaffen. Er zieht die romantische Auffassung derer vor, die in ihrer Hinwendung zur Vergangenheit die Gegenwart ablehnen. Er disqualifiziert das Bürgertum, um die Aristokratie zu fordern, lehnt den Mythos der Demokratie ab, um die Mythen des Feudalismus zurückzugewinnen."

Über den europäischen Manifesten, vor allem demjenigen

der 62, weht ein Hauch von Feudalismus. Sartre, die Goytisolos, Enzensberger, Moravia, Carlos Fuentes, Vargas Llosa und die übrigen teilen Fidel Castro *ihren Zorn und ihre Scham* darüber mit, dass er in ihr Reich eingefallen ist. Padilla ist Schriftsteller. Ergo: Padilla ist unschuldig. Und wenn er sich selber beschuldigt, ist er ganz gewiss gefoltert worden. Es scheint, dass die 62 der Ansicht sind, dass ein Schriftsteller nur durch Folter gezwungen werden kann, irgendeine Schuld einzugestehen. Denn ein Schriftsteller, das ist klar, kann unmöglich schuldig sein. Wissen die Unterzeichner vielleicht, ob in Kuba nicht auch gegen Dreher, Studenten, Krankenpfleger, Biologen oder Traktorfahrer Ungerechtigkeiten vorgekommen sind? Sicherlich sind sie vorgekommen, denn eine Revolution wird von Menschen gemacht und Menschen sind fehlbar. Aber weder die kapitalistischen Presseagenturen noch die Intellektuellen von *La Coupole* [2] kümmern sich um mögliche andere Fälle, die nicht dem literarischen Clan angehören. Gewiss, im Manifest wird ein Hinweis laut ("nicht der Umstand, dass es sich um einen Schriftsteller handelt, alarmiert uns, sondern die Tatsache, dass irgendein kubanischer Genosse — Arbeiter, Techniker oder Intellektueller — Opfer solcher Gewaltakte und Beleidigungen werden kann"), aber in Wirklichkeit wissen sie nichts, was nicht Padilla betrifft. In Wirklichkeit haben sie sich *kollektiv* noch nie um andere Fragen gekümmert. "Ich meine", schreibt der argentinische Schriftsteller Rodolfo Walsh (in *La Opinión,* Buenos Aires 26.5.71), "wenn sie in den zehn Jahren ihrer Beziehungen zur Revolution noch nie 'irgendeinen Kubaner' getroffen haben, der beleidigt wurde, ist es entweder, weil es ihn nicht gibt oder aber, weil sie sich vorzugsweise um das Schicksal von Schriftstellern kümmern."

2. Vorwände, um sich abzusetzen

Die kubanische Revolution hat einen titanischen Kampf gegen die kapitalistische Einkreisung zu führen, gegen soziale Ungerechtigkeit, gegen Seuchen und Söldnerbanden, gegen Unterentwicklung und niedrigen Wissensstand; aber diese Art Kämpfe hat in den letzten Jahren bei der schamhaften Clique keine Beachtung mehr gefunden. Einzig der Fall Padilla fordert ihre Reaktionsfähigkeit heraus und entzündet ihren Sinn für Menschenwürde. Der Rest: möge er verfaulen! Man hat den Eindruck, dass die 62 (Was für ein "Modelo para armar"!) [3] nur darauf gewartet haben, und dies mit der sichtlichen Ungeduld, dass endlich irgendein Vorwand ihnen zu Hilfe käme, um sich abzusetzen. Das ganze Arsenal ihrer Anschuldigungen über Folterungen und Stalinismus war bis ins Kleinste vorbereitet, sie verloren keine Zeit mit Nachforschungen, setzten sich gar nicht erst der Gefahr aus, dass sich die Grundlosigkeit ihrer Verdächtigungen erweisen könnte.

Gerade hier und heute, in diesem Uruguay, wo die Polizei tagtäglich mit Gewalt in Privat- und Familienleben eingreift; wo die Bürger eingekerkert bleiben, auch nachdem ein Richter ihre Freilassung angeordnet hat; wo die despotischen, jede Freiheit erstickenden Nachbarschaftsregister direkt vom Naziregime kopiert werden; wo der Innenminster selbst faschistische Banden stiftet und das Denunziantentum ermutigt; wo die Zensur nicht nur bestimmte Wörter verbietet, sondern auch die Kommentare und indirekten Anspielungen auf solche; wo die Polizeifolter durch parlamentarische Untersuchungskommissionen nachgewiesen und verurteilt worden ist; hier in diesem Uruguay von 1971 hat die Presse der Grossgrundbesitzer, Bankiers, Kapitulanten und Selbstkolonisierten die Frechheit, im Zusammenhang mit dem Fall Padilla das Wort *Angst* zu verwenden.

Im Zusammenhang mit zwei längeren Aufenthalten in Kuba, nachdem ich dort enge Beziehungen zum gesamten kulturellen Leben der Insel hatte und aus nächster Nähe die Anfänge der gegenwärtigen Situation erlebte, könnte ich hierzu ausführlich Bericht erstatten. (Ich muss mich beschränken und den Leser auf meinen Artikel in *Marcha* vom 27.12.1968 verweisen: "Die gegenwärtige Lage der kubanischen Kultur" [4] .) Darin habe ich mich eingehend mit der ersten Phase des Falles Padilla befasst, als sein Buch *Fuera de juego* (1968) [5] vom kubanischen Schriftsteller- und Künstlerverband mit dem Preis für Poesie ausgezeichnet worden war, worauf in der Zeitschrift *Verde Olivo* unter dem Namen Leopoldo Avila eine herbe Kritik an seinem Verhalten geäussert wurde.) Ich könnte nachdrücklich bezeugen, dass Angst im heutigen Kuba kein Lebensbestandteil ist: weder im kulturellen noch in irgendeinem anderen Bereich. Ich könnte berichten, wie jedes politische Vorgehen und jede Massnahme der Regierung von der Basis in aller Breite diskutiert wird und dies ohne die geringste Einmischung seitens der politischen Führung oder anderer Bürger; dass Selbstkritik dort an der Tagesordnung ist und in aller Spontaneität geübt und aufgenommen wird, und zwar ohne dass dazu ein anderer Druck notwendig wäre als der sehr verständliche soziale Druck, der in einem Land herrscht, das tagtäglich seine Zukunft und sein Überleben aufs Spiel gesetzt sieht. Dieser ungezwungene Umgang mit der Selbstkritik beginnt selbstverständlich auf höchster Regierungsebene. Wer hat wohl Fidel Castro gefoltert, damit er vor einer Million Kubaner öffentlich die Hauptverantwortung für den Rückschlag in der Zuckerernte 1970 übernahm? All dies und vieles mehr könnte ich hier berichten. Aber ich fürchte, dass Leute, die der revolutionären kubanischen Regierung (die den Menschen und ihren Rechten in der Revolution immer ausserordentlichen Respekt bezeugte) keinen Glauben schenken, mir als einfachem, individuellen Zeugen noch viel weniger glauben werden.

Ich glaube, dass es gut ist, sich nicht aufs blosse Glauben zu verlassen. Aber es lässt sich auch nicht völlig umgehen. Auch das Vertrauen in eine Revolution sollte nicht gänzlich entfallen, um so mehr, als sich im politischen Denken Vertrauen nicht auf der Grundlage von Wundern herausbildet, sondern auf der Basis konkreter Errungenschaften —, also nicht im Sinne von blinder, sondern von historischer Zuversicht. Und das Vertrauen, die Zuversicht (mit offenen Augen), die wir, die an eine revolutionäre Zukunft unseres Amerikas glauben, der kubanischen Revolution entgegenbringen können, gründet sich auf den harten, dornigen Prozess, den sie in zwölf Jahren hinter sich gebracht hat. Wer aber unter dem Vorwand, Glaube müsse vermieden werden, unwiderlegbare Beweise fordert und das Wort

"Angst" aufs Tapet bringt, zeigt damit hinlänglich, dass der einzige Glaube, den er (in Bitterkeit) bewahrt hat, derjenige an ein Überleben des Stalinismus ist. Auch wenn es nicht ausgesprochen wird, ist es doch offenkundig, dass die europäische Clique der Auffassung ist, dass Stalinismus ein Weg sei, den man im Übergang zum Sozialismus fatalerweise zurücklegen müsse, da sich bis heute keine Möglichkeit gezeigt habe, ihn zu vermeiden. Wenn ein Schriftsteller Selbstkritik übt, muss es aus Angst oder als Folge von Foltern geschehen sein. Wenn in der Vergangenheit (in der europäischen! das hat gerade noch gefehlt!) die Selbstkritik Ergebnis von Folterungen und Angst gewesen ist, so muss sie in der kubanischen Gegenwart notwendig aus denselben Gründen erfolgen. Solche automatische Übertragungen entspringen weniger der marxistischen Dialektik als einer schwerfälligen Rhetorik und einem unbeweglichen, im Grunde reaktionären Schematismus. Und sie enthüllen weniger den Mangel an Vertrauen in die kubanische Revolution als einen Mangel an Vertrauen in den Menschen und seine Fähigkeit zur Veränderung.

Sartre, der massgeblichste der europäischen Unterzeichner, sagte kurz nach dem Pariser Mai: "Im Falle Castros ist vor allem bewundernswürdig, dass die Theorie aus der Praxis entstanden ist, anstatt ihr vorauszugehen." 1971 hingegen entspringt die Theorie der europäischen Clique über den "stalinistischen" Charakter der gegenwärtigen kubanischen Politik allerdings nicht mehr einer kubanischen Praxis, sondern vornehmlich den Albträumen und Vorurteilen, die eine europäische Praxis in diesen Leuten hinterlassen hat. Sie einfach zu übertragen, war zweifellos voreilig, leichtfertig, tendenziös und falsch: daran allerdings ist nichts bewundernswürdig.

In europäischen und europäisierten Ohren tönen auch die aggressiven Einflechtungen in Fidels Rede bereits nach Stalinismus. Ich zitiere noch einmal Rodolfo Walsh: "Diese Sprache ruft in Europa Konsternation hervor, klingt für sie stalinistisch. In Wirklichkeit ist sie kubanisch, fast eine Anlehung an jenen lapidaren Satz, den Martí unter ähnlichen Umständen prägte: 'Leute, die kein Vertrauen in ihr Land haben, sind armselige Frühgeburten. Sie sprechen anderen die Würde ab, die ihnen selber fehlt. Mit ihren schwächlichen Armen, diesen Armen aus Madrid oder Paris, mit Reifen behängt, und mit lackierten Fingernägeln erlangen sie die höheren Äste des Baumes nicht, also sagen sie, dieser Baum ist unerreichbar.' " Die Europäer kennen ihren Stalin natürlich auswendig und von José Martí haben sie keine Ahnung. Das ist verständlich. Aber auch bedauernswert. Wenn sie mehr von ihm wüssten, könnten sie sich einige lapidare Prognosen ersparen und ausserdem etwas dazu lernen, etwas über Menschenwürde — geschrieben von einem Schriftsteller, der schon sechzig Jahre vor Che seine Prioritäten überaus klar setzte und, nachdem er mehrere Dutzend Bücher verfasst hatte, die ihn in die ersten literarischen Ränge dieses Mestizenkontinents stellen, sich schliesslich für die Revolution entschied (und dafür sein Leben gab).

Selbstkritik verlangt eine gute Dosis von Bescheidenheit, die vielen Intellektuellen schwerfällt (den Fall Padilla lassen wir jetzt beiseite), vor allem jenen, die eine mögliche Ansteckungsgefahr dahinter wittern. Manchem unter den 62 käme es äusserst ungelegen, wenn er sich seiner unerschrockenen Mitarbeit an der Zeitschrift *Mundo Nuevo* bezichtigen müsste, die natürlich in Paris herausgegeben und vom "Kongress für Kulturelle Freiheit" unterstützt wird, der seinerseits bekanntlich von der wohltätigen CIA finanziert wird. Und wie peinlich auch, wenn sie eingestehen müssten, ihre nicht weniger engagierte Mitarbeit einem anderen, ebenso verdienstvollen Unternehmen zur Verfügung gestellt zu haben, wie es die angekündigte Zeitschrift *Libre* zu werden verspricht, diesmal aus den Stiftungen der ebenso ehrenwerten wie ausbeuterischen Familie Patiño finanziert! Möglicherweise bedeutet aber die leidenschaftliche Reaktion auf die Selbstkritik eines Schriftstellers auch nur das gewissermassen stillschweigende Eingeständnis seitens der Unterzeichner, dass Selbstkritik in ihren Augen nichts anderes als Augenwischerei sein kann. Der Schriftsteller verwechselt Freiheit manchmal mit Vanitas. Und just dieses Wort ist vielleicht ein Schlüssel zum Verständnis der ganzen Episode. In den Unterzeichnern des lautstarken Dokuments haben wir den Fall des Intellektuellen-Typus

vor uns, dessen Protest (wie Mariátegui feststellte) "seiner im allgemeinen unterschätzten Eitelkeit und seinem fast immer übertriebenen Stolz" entspricht.
Zu guter letzt noch die Frage: Warum soll ein Schriftsteller eigentlich keine Selbstkritik üben können? Im Augenblick und hier, von Montevideo aus, kann ich nicht beurteilen, ob es Padilla ernst damit war oder nicht; es wird sich erst nachträglich in seinem Verhalten zeigen — in der Praxis, die ohnehin immer das letzte Wort hat. Ich glaube allerdings, dass im Werdegang eines Schriftstellers, der vorwärts geht, der sich bewegt, der sich nicht in ein wohlgeordnetes Bücherregal verwandelt, jedes neue Buch, das er schreibt, in irgendeiner Weise zu einer Selbstkritik in bezug auf die vorangegangenen gerät, denn zu lernen gibt es immer etwas über die Welt und über sich selbst; immer wieder geschieht es, dass wir plötzlich etwas klar erkennen, was als Irrtum bereits gedruckt erschienen ist. Ich schlage vor, dass wir den Stalinismus von Havanna jetzt begraben. Auch ihr, alle 62, seid schöpferische Leute und verfügt über Vorstellungsvermögen. Überlasst dieses terminologische Fossil der United Press International (UPI), der Sociedad Interamericana de Prensa (SIP), dem "Kongress für Kulturelle Freiheit"!

3. Mehr Scham als Zorn

Auch wenn es dem Leser ein bisschen spät erscheinen mag, kommen wir eigentlich erst jetzt zum Thema: die Prioritäten des Schriftstellers. Natürlich spreche ich vom linken Schriftsteller. Für Jorge Luis Borges können es nicht die gleichen Proritäten sein wie für David Viñas, für Germán Arciniegas nicht dieselben wie für Gabriel García Márquez. Im Falle eines revolutionären Schriftstellers, wie schon mehrfach definiert, müssen die Prioritäten die gleichen sein wie für irgendeinen Militanten der Revolution, sei er nun Intellektueller, Maurer oder Feuerwehrmann. Das heisst, Vorrang hat immer das Handeln für die Revolution, was aber nicht heissen soll, dass einer dadurch aufhört, Arbeiter zu sein, oder Intellektueller, Bauer, Soldat oder was immer er auch im bürgerlichen Leben sein möge. Sind die 62 mit dieser Prioritätenordnung einverstanden? Es wäre gut, wenn sie sich dazu äussern würden, denn möglicherweise liegt die Wasserscheide eben gerade dort und nicht unbedingt beim Fall Padilla.

Che Guevara erzählt in seinen *Pasajes de la guerra revolucionaria* (1963) [6] , im Kapitel über Alegría de Pío, von einem Dilemma und dessen Lösung: "Da stand ich vielleicht zum ersten mal dem Dilemma gegenüber, mich entscheiden zu müssen zwischen meiner Aufgabe als Arzt und meiner Pflicht als revolutionärer Soldat. Zu meinen Füssen lagen ein Medikamentenkasten und ein Packen Munition; beide zusammen konnte ich nicht tragen, sie waren zu schwer. Ich liess die Medikamente zurück, nahm die Munition und überquerte die Lichtung, die mich vom Zuckerrohrfeld trennte." In jener Lage entschloss sich Che, der Arzt und Revolutionär, rasch für letztere Eigenschaft, doch hörte er deshalb nicht auf, Arzt zu sein. Und während der ganzen Zeit des Aufstands, auch Jahre später im opferreichen Feldzug in Bolivien ist der Revolutionär immer auch Arzt geblieben und handelte als solcher, wenn es nötig war. Aber seine Prioritäten setzte er ein für allemal an jenem 5. Dezember 1956 im Gefecht bei Alegría de Pío.

Dieser Fall hat Beispielcharakter und ist insofern extrem. Ich will damit nicht vorschlagen, der Schriftsteller solle seinen Kugelschreiber mit einem Maschinengewehr vertauschen, auch wenn es solche Fälle gegeben hat und geben kann. Die Frage der Prioritäten stellt sich hier im Zusammenhang mit Standpunkten, Perspektiven, Anschauungen, die ebenfalls mit Risiken verbunden sind. Unter Wahrung der Distanzen: Sicherlich hat jeder Schriftsteller in seinem Werdegang (in Vergangenheit oder Zukunft) einmal ein bescheidenes Alegría de Pío, einen Moment, wo er sich angesichts einer konkreten Tatsachenlage entscheiden muss, wo er vor einer Alternative steht und seine Prioritäten setzen muss. Die (revolutionären?) Schriftsteller in Paris und Barcelona scheinen sich an diesem Punkt für die Literatur entschieden zu haben. Jedenfalls handelten sie nicht wie Revolutionäre in legitimer Besorgnis und in einem schwierigen Moment der Revolution, sondern reagierten einfach wie beleidigte Literaten, wie eifersüchtige Hüter eines privaten Grundstücks, das sie angegriffen wähnten. Und daher dann ihr Zorn und ihre Scham (wenn auch möglicherwiese im Lauf der Zeit der Zorn immer kleiner und die Scham immer grösser werden mag). Daher also das polternde Türenschlagen, damit kein Spalt mehr offenbleibe für eine allfällige Selbstkritik wie etwa die von Luigi Nono, oder für irgendeinen Rückzug wie der von García Márquez, Bareiro und Barral, die das erste Dokument unterzeichneten, aber das zweite nicht mehr. Oder für ein Gedicht etwa wie die "Poly-Kritik in der Stunde der Schakale", worin Julio Cortázar Sätze wie die folgenden schreibt: "Du hast recht, Fidel, nur im Kampf gibt es ein Recht auf Unzufriedenheit", oder: "Ich scheide für immer von den vollmundigen Liberalen, von allen, die so gewundene Texte unterschreiben; Kuba ist nicht das, was ihre Schreibtischtheorien fordern." Zu denken, dass unter den 62 auch Carlos Franqui ist, kubanischer Journalist, der am 29. Dezember 1962, als er noch Redaktor der Zeitschrift *Revolución* war, von Che einen Brief erhielt mit dem weitsichtigen Ratschlag: "Ich bin der Ansicht, dass historische Wahrheit

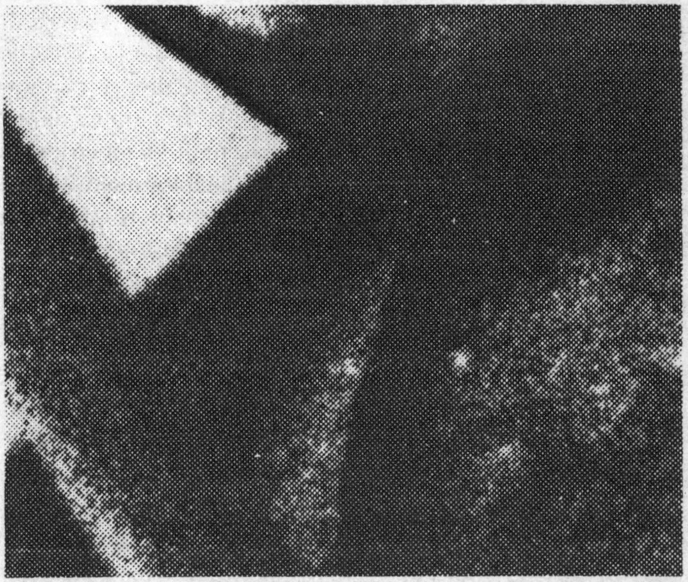

respektiert werden muss; es kommt nichts Gutes dabei heraus, wenn man sie nach Belieben zurechtzimmert."
Wenn der revolutionäre Schriftsteller für sich selbst einmal klargestellt hat, dass die Revolution immer den Vorrang hat, fühlt er sich merkwürdigerweise als Schriftsteller keineswegs weniger, sondern im Gegenteil besser verwirklicht, wahrscheinlich als natürliche Folge davon, dass er sich auch als Mensch besser verwirklicht fühlt. Ich glaube, es ist ebenfalls Mariátegui gewesen, der daran erinnerte, dass Oscar Wilde in seinem Aufsatz *Die menschliche Seele im Sozialismus* die Auffassung vertrat, in der Befreiung von der Arbeit in ihrer entfremdenden Form liege auch die Befreiung der Kunst. Der revolutionäre Schriftsteller, der seine Prioritäten (im Schreiben und Handeln) zugunsten der Revolution setzt, arbeitet in irgendeiner Weise also für die Aufhebung der Entfremdung des Menschen und in der Folge davon auch für die Befreiung der Kunst. Aber auch in diesem Punkt sind sie in Europa nicht imstande, ihre Schematismen, ihre fixen Schablonen zu überwinden. Wenn man unterstellt, der Schriftsteller habe der Revolution den Vorrang zu geben, fällt ihnen sofort der sozialistische Realismus ein. Absolut automatisch. Was soll's, so sind sie nun eben einmal. Unter dem bequemen Vorwand, sie seien gegen den sozialistischen Realismus (wer ist es nicht?), legen sie sich ins Zeug — gegen Realismus und gegen Sozialismus. Allein darin schon zeigt sich ein unglaublicher Mangel an Phantasie (was bei Leuten, die Kunst machen, besonders gravierend ist); sie scheinen nicht zu begreifen, dass ein Schriftsteller auch noch andere Möglichkeiten hat, sich künstlerisch mit der Revolution zu befassen. Was den sozialistischen Realismus so schlecht machte, war, dass er letzten Endes weder realistisch noch sozialistisch war, denn er bot eine völlig schematisierte, manipulierte Welt dar, während die Realität immer unvergleichlich viel reicher, voller, komplexer ist als solche Schwarzweiss-Schnappschüsse. Und was den Sozialismus betrifft, so ist er ein Entwurf, in jeder Hinsicht ein menschlicher Entwurf, der wenig oder nichts zu tun hat mit einem Marionettentheater. Das alles zusammen aber heisst nicht, dass es nicht ausserhalb des sogenannten "sozialistischen

Realismus" noch tausendundeine andere Möglichkeit gäbe, gesellschaftliche Zusammenhänge künstlerisch zum Ausdruck zu bringen.

Vargas Llosa, ebenfalls einer der Unterzeichner, hat sich mehrmals über diese Thematik ausgelassen und beispielsweise unterstellt, dass Literatur *immer* eine subversive Funktion habe und dass daher der Schriftsteller *unablässig* gleich dem Geier über dem Aas seine Kreise ziehen müsse. Sowohl Juan Marinello wie auch Oscar Collazos haben die subversive Rolle des Schriftstellers in einer sozialistischen Gesellschaft zurückgewiesen. Mehrheitlich sind diejenigen, die unter kapitalistischen Verhältnissen subversiv schreiben, der Auffassung, dass ihre subversive Mission erfüllt sei, wenn ihr Regime einmal durch ein sozialistisches abgelöst werde. Eine dannzumal sozialistische Ordnung weiterhin unterwandern zu wollen, bekäme alsbald konterrevolutionären Charakter. Das ist eine höchst einfache Regel, nur professionelle Neinsager begreifen sie nicht. Eine kritische Literatur hat innerhalb einer Revolution absolut Platz, und vor allem auch eine kritische Einstellung — allerdings eben *innerhalb* der Revolution und nicht *ausserhalb* davon, wie schon Fidel einmal bemerkte, nämlich 1961 in seinen "Worten an die Intellektuellen".

Weder ist die Freiheit immer unveränderlich dieselbe (Che sagte: "Dem sozialistischen Realismus kann man nicht 'die Freiheit' gegenüberstellen, einfach weil diese noch gar nicht vorhanden ist, und weil es sie nicht eher gibt, als die neue Gesellschaft sich vollumfänglich herausentwickelt hat"), noch kann der Schriftsteller immer ein Geier sein. Wenn er dafür kämpft, dass sich eine Ordnung der sozialen Gerechtigkeit etablieren kann, und wenn diese einmal erreicht ist, geht es nicht mehr darum, weiterhin als Geier darüber zu wachen, denn diese soziale Gerechtigkeit ist nicht Aas, sondern urbares Land. Wahrscheinlich wird der Intellektuelle eher auf die sokratische Formel vom Bremsklotz zurückgreifen müssen und vor allem dazu beitragen, dass die Gesellschaft wach bleibt. Aber anscheinend passt die Vorstellung, sich aus einem gefährlichen Geier in einen simplen Bremsklotz zu verwandeln, einigen Schriftstellern nur schlecht in den Kram. Und was die abgedroschenen

Begriffe Freiheit und Individualismus betrifft, glaube ich, dass wir alle, Schriftsteller, Leser, die ganze Gesellschaft, noch viel lernen müssen, denn die Dinge sind ins Laufen gekommen und verändern sich mit zunehmender Geschwindigkeit, und diese Eile erfordert mitunter unerwartete Opfer.

4. Alle Menschen sind Intellektuelle

Carlos Maggi hat einmal bemerkt, dass von Schriftstellern manchmal Eile gefordert werde, während doch das literarische Werk, das Kunstwerk, ein langfristiges Schaffen sei. Sicher ist es das. Künstlerisches Schaffen ist im allgemeinen ein Unterfangen auf lange Zeit. Aber müssten wir Schriftsteller nicht zeitweilig die langfristige Arbeit hintanstellen können zugunsten einer eiligeren Aufgabe? Wenn andere ihr Leben opfern — und dies nicht im übertragenen Sinne —, warum sollten wir nicht auch ein minimales Opfer bringen und etwas auf später aufschieben können? Das bedeutet keineswegs, dass wir neben einer dringenderen aktuellen Literatur nicht auch eine andere Literatur schaffen, mit mehr Ruhe, mehr nach unserem Geschmack und vielleicht geeigneter, auch noch den Geschmack nachkommender Generationen zu befriedigen. Ich verlange nicht, dass der Schriftsteller, von Gewissensbissen gepflegt, von nun an auf weniger dringende Themen und Titel verzichte. Nur so viel: dass es wenigstens *irgendetwas* tue auf dem Gebiet des Dringlichen. Nur das.
Ein befreundeter Schriftsteller, Genosse und Militanter, gestand mir vor einiger Zeit: “Es gibt Tage, wo ich Bach, Beethoven, Mozart gar nicht hören kann und auch nicht mag, weil sie zu sehr besänftigen; was ich mehr und mehr brauche, ist Ansporn.” Vielleicht geht es anderen an solchen Tagen ähnlich mit Proust oder Kafka. Wenn allerdings solch unvorsichtige Eingeständnisse den 62 zu Ohren kämen, würden sie sagen, wir planten eine Schwarze Liste mit genialen Geistesgrössen. Es empfiehlt sich daher, im voraus festzuhalten, dass wir keine solchen Dummköpfe sind. Im Gegenteil, wenn wir uns heute mit allen damit ver-

bundenen Risiken dem Kampf gegen Oligarchien und Imperien verschreiben, dann durchaus mit dem Wunsch, auch dem Anspruch darauf, uns eines Tages voller Genuss und ohne schlechtes Gewissen hinsetzen zu können, um Mozart zu hören und Proust zu lesen.
Der Schriftsteller, der sich auf diesen Kampf einlässt, verändert sich; er kann und darf nicht mehr die gleichen Sorgen haben wie der einsame, in Selbstbetrachtung versunkene, anfällige Kunstschaffende, jener klassische Beamte der Gesellschaftskritik, vollamtliche Verrisseschreiber, für den ideologische Promiskuität ein Beweis von Unabhängigkeit ist, ein Hervorstreichen seiner Individualität — und immer auch eine Bestätigung seiner sorgfältig gehegten Eitelkeit. Eine intensive Behandlung erfährt diese Eitelkeit auch mit jedem "Boom" und den damit verbundenen schlüpfrigen Propagandamethoden (die selbstverständlich die Verantwortung des Schriftstellers übersteigen, sie aber nicht hinfällig machen). Was sich der revolutionäre Schriftsteller demgegenüber dringend — zur Pflege der Bescheidenheit — bewusst machen muss: Es ist nicht in Ordnung, dass Literatur, Kunst überhaupt, blosse Inseln sein sollen, Inseln des reinen Geistes, der Träume, der Sexualität, dass sie bloss zu dekorativen Zwecken, zur Anschauung da sein sollen. In den immer noch vorwiegend bürgerlichen Vorstellungen des Berufsschriftstellers besteht die grosse Leistung darin, sich abzusetzen — durch Phantasie oder Zynismus, Undurchdringlichkeit oder Wortspielerei, oberflächliche Erotik (nicht erotische Tiefe, die immer ein Hauptthema bleiben wird) oder komplexe Strukturen, die den Eingeweihten vorbehalten bleiben. Stellen wir ein für allemal klar: Dieses sind die verschiedenen, talentvollen Arten, dem Volk vielleicht nicht gerade den Rücken zu kehren, aber es draussen vor der Tür stehen zu lassen. Die grosse Leistung für den revolutionären Schriftsteller muss im Gegenteil darin bestehen, diesem Volk ins Gesicht zu sehen und es dabei nicht zu unterschätzen, ihm keine Kindereien zu erzählen und vorzusingen, sondern von ihm zu lernen und umgekehrt auch zu lehren, in einem dynamischen Wechselspiel, einem fruchtbaren Dialog zur gegenseitigen Bildung. Dann erst wird man verstehen, was 1930

vielleicht noch als reine Utopie von Gramsci erscheinen mochte: "Alle Menschen sind Intellektuelle, aber nicht alle haben in der Gesellschaft die Funktion von Intellektuellen." Die vordringlichste Aufgabe der revolutionären Intellektuellen ist vielleicht überhaupt die: Sich als die Kaste der Unberührbaren aufzulösen, sich ins Volk zu begeben, dem sie angehören, und dort ihren bescheidenen und zugleich unschätzbaren Beitrag zu leisten, indem sie mithelfen, dass jeder wieder soweit kommt, die Funktion des Intellektuellen, von der Gramsci sprach, ausüben zu können, dass jeder wieder die Gewissheit erlangt, dazu auch in der Lage zu sein, denn die Funktion des Intellektuellen ist kein Privileg, sondern ein Recht, kein Geschenk, sondern eine Verpflichtung.

"Wie kann ich Intellektueller sein in einer Gesellschaft, die mich als solchen in Frage stellt?" fragt sich Ernst Fischer, und diese Frage stellt er sich in einem sozialistischen Umfeld; und gerade da liegt wahrscheinlich sein grösster Irrtum. Wenn die Gesellschaftsordnung einer sozialistischen Gemeinschaft einen Intellektuellen in Frage stellt, dann deshalb, weil er sich fremd darin fühlt. Wenn aber der Intellektuelle sich wirklich in die Gesellschaft hineinbegibt, kann sie ihn nur in Frage stellen, wenn sie sich selber in Frage stellt; in einem solchen Fall allerdings wird der Intellektuelle auch nicht mehr als ein äusseres Produkt behandelt, sondern als das Produkt einer ihrer eigenen Zellen, als eine ihrer Komponenten. Wahrscheinlich wäre das auch die natürlichste Methode, um die Prioritätenfrage grundsätzlich zu lösen; denn wenn man sich unters Volk begibt und sich selber als Teil davon fühlt, wird die Priorität fast wie von selbst und ganz spontan die Revolution. Umgekehrt jedoch, wenn man sich der Intellektuellen-Elite verschreibt und sich einem sakrosankten und verfolgten Clan zugehörig fühlt, wendet sich die Priorität fast zwangsläufig dem Individualismus zu, oder auch der Freiheit in ihrer bürgerlichen Definition — jener Freiheit, die auch von kreolischen Oligarchien verteidigt wird, oder vom "Reader's Digest", von Germán Arciniegas und von den Peace Corps.

Ist die lateinamerikanische Revolution vielleicht an dieser Art Freiheit interessiert? Soll sie vielleicht das Spiel gerade auf jenem Feld austragen, wo das Imperium einen Publikumsvorteil hat und wo seine gutbesoldeten Claqueure am perfektesten funktionieren? Will sie sich unbedingt fatalistisch mit den Gesetzen anlegen, liberalen oder konservativen, die sich die herrschenden Klassen selbst geschmiedet haben — zur Verteidigung und Befestigung ihrer zahlreichen Interessen? Es sind dieselben herrschenden Klassen, die uns auch ihr Konzept von Freiheit verpasst haben. Und unter dem gleichen Titel haben sie uns kolonisiert.
Aber ihre Freiheit hat mit der unsrigen nichts gemein. Oder vielmehr: ihre Freiheit existiert allein auf Kosten unserer Abhängigkeit. Können wir angesichts dieser böswilligen Verdrehung auch noch in die Falle der Objektivität laufen? Objektivität für wen? Zu welchem Zweck? Können wir uns zur Objektivität zwingen, solange der Feind verbietet, einkerkert, konfisziert, bestraft, um weiter nichts als sein Recht auf Meinungs- beziehungsweise nicht einmal das, sondern auf Informationsfreiheit auszuüben? Grosses Allerweltsheilmittel, die Objektivität! Unübertreffliche Formel für die nächsten olympischen Säuberungsfestspiele! Bis es wieder so weit ist, bestehe ich auf meinem Recht auf Subjektivität und will damit nicht nur der Wahrheit, sondern auch meiner Leidenschaft für Gerechtigkeit frönen, mein Land verteidigen und jeden meiner Nächsten, der gerade in der Nähe steht. Revolutionäre Ethik führt zwar zu einem schwierigen Kräfteungleichgewicht, ist aber eines der Prinzipien, auf die wir nicht verzichten können: Die Revolution klagt an, aber sie verleumdet nicht; die Revolution kann sogar Todesurteile vollziehen, aber Folterungen niemals; die Revolution legt höchsten Wert auf ihre Wahrheit, aber sie lügt nicht. Das alles mag ihr manchmal zum Nachteil gereichen und erst die Geschichte kann es später zum definitiven Vorteil wenden; bis dahin jedoch kommt es jeden Revolutionär bitter an, den täglichen Lügenschwall über sich ergehen lassen zu müssen; und diese Lügen aus Spezialistenküchen imitieren in perfekter Weise die Wahrheit.

Wenn also Beweise gefordert werden, Beweise und nochmals Beweise, auch nachdem sich Padilla bereits wieder auf freiem Fuss befindet und als Übersetzer arbeitet, ohne den geringsten Hinweis, dass er gefoltert oder unter Druck gesetzt worden sei, kann ich mir solche Beweisforderungen nicht anders erklären als durch jenes erwähnte Kräfteungleichgewicht. Welche Beweise hat denn zum Beispiel die Reaktion geliefert, als sie lauthals weltweit die Nachricht verbreitete, Fidel Castro habe den Che ermordet? Wieviele Anhänger der kubanischen Revolution wurden durch diese niederträchtige Verleumdung verunsichert! Jetzt allerdings haben wir Beweise, Beweise noch und noch, welche Leute es waren, die den Che ermordeten; und selbstverständlich leugnet es niemand mehr. Sicherlich bestreitet es nicht einmal mehr der argentinische Journalist Adolfo Gilly, der so viel beigetragen hat zur Verbreitung jener infamen Nachricht. Gilly sitzt seit Jahren im Gefängnis, nicht etwa im revolutionären Kuba, wo Padilla nach 37 Tagen, ohne dass ihm ein Haar gekrümmt worden wäre, wieder entlassen wurde, sondern im demokratischen Mexiko, dem Mexiko der Schlächterei von Tlatelolco, einem der fürchterlichsten Massaker, das die leidgeprüfte Geschichte Lateinamerikas vorzuweisen hat und das im übrigen seinerzeit kein einziges kollektives Manifest der 62 aus Europa hervorrief. Ja, jetzt wissen wir, welche Mörder den gefangenen, verwundeten, wehrlosen Che umgebracht haben. Jetzt endlich haben wir die Beweise.

Was für Beweise verlangen sie? Bis dahin ist das einzig Beweisbare, dass Padilla nicht gefoltert worden ist. Den hysterischen Erklärungen des notorischen *Gusano*[7] Juan Arcocha, seit mehreren Jahren in Europa wohnhaft und deshalb schon aus geographischen Gründen nicht in der Lage, uns zu berichten, was in Kuba gerade jetzt vor sich geht — seiner Behauptung, dass Padilla gefoltert worden sei, steht der Bericht eines französischen Korrespondenten (nicht aus Paris sondern aus Havanna) gegenüber, der Padilla physisch begutachtet hat und an dem gerade Freigelassenen keine Spur von Folter oder Gewalt entdecken konnte.

Ich glaube, der Zeitpunkt ist gekommen, wo auch die 62

sich allmählich überzeugen lassen müssen von einer Wahrheit, die in Montevideo, Buenos Aires, Santiago de Chile, Havanna, Lima, Bogotá (einzig bei Mexiko und seiner hochfahrenden literarischen Mafia [8] bin ich noch im Zweifel) inzwischen bei der grossen Mehrheit der Schriftsteller Fuss fassen konnte: Es ist Schluss mit den Spielereien! Der Schriftsteller geniesst einzig wegen seiner Eigenschaft als Schriftsteller noch keine heiligen Sonderrechte. Seine Rechte muss er sich wie jeder anderer Revolutionär innerhalb der Revolution verdienen, indem er sich voll und ganz dafür einsetzt.

1968 hielt ich am Kulturkongress in Havanna eine Rede über das Verhältnis zwischem dem praktisch tätigen und dem intellektuellen Menschen; ich sagte dort, es sei die natürliche Aufgabe des Intellektuellen in der Revolution, "so etwas wie ihr Gewissen zu sein, ihr phantasievoller Übersetzer, ihr vorausschauender Kritiker". Ich hoffe, niemand kommt auf die Idee, ich sei gefoltert worden, damit ich jetzt diese Selbstkritik hier mache: Jener Satz, so wie ich ihn vor drei Jahren schrieb, gefällt mir nämlich nicht mehr. Der revolutionäre Schriftsteller kann zwar durchaus ein wachsames Gewissen der Revolution verkörpern, allerdings nicht in seiner Eigenschaft als Schriftsteller, sondern nur als ein Revolutionär. In Wahrheit muss dieses wachsame Gewissen von jedem Revolutionär verlangt werden (von einem Bauer ebenso wie vom Politiker, vom Schriftsteller ebenso wie vom Arbeiter). Diese kleine Nuance, diese geringfügige Selbstkritik ist freilich nur ein Detail dessen, was meine Veränderungen und die Veränderungen vieler lateinamerikanischer Schrifsteller seit 1968 ausmacht. Es ist im Grunde nicht mehr als das: Dass wir, vor die Wahl gestellt zwischen Literatur und Revolution, die letztere wählten. Und wir entschieden uns für sie, ohne deswegen die Literatur zu verlassen oder abzulehnen.

Im Gegenteil, wir wählten sie als Lebensnotwendigkeit, als Impuls, als kreativer Antrieb gerade für die Literatur. Und 1971, als wir diese Wahl trafen, war Revolution für uns kein politischer Garten Eden mehr (wie anscheinend die 62 in früheren Idyllen noch glaubten), kein Paradies mit vollkommenen politischen Führern, makellosen Völkern,

unfehlbaren Richtern. In keiner Weise. Wir wussten, dass die Revolution Irrtümer mit sich bringt, auch Unausgewogenheiten, Irrwege, Schematismen. Aber wir bejahten sie mit ihrer Vorder- und Rückseite, mit Licht und Schatten, mit Siegen und Niederlagen, mit ihren Begrenztheiten und ihrer grossen Weite. Denn mit all ihren Gebrechen und Mängeln blieb die Revolution für uns die einzige Möglichkeit, die der Mensch hat, um seine Würde wiederherzustellen und sich selbst zu verwirklichen; die einzige Möglichkeit (mittel- oder unmittelbar, je nachdem), sich der Entfremdung zu entledigen, der er durch die kapitalistische Ordnung und den kolonialen Machtdruck tagtäglich ausgesetzt ist.
Diese Priorität ist entscheidend. Nicht zur Beurteilung des Stils oder verschiedener Strukturen oder Schulen, und natürlich auch nicht als Mass der Begabungen. Diese Priorität ist schon deshalb entscheidend, um zu wissen, wer mit uns ist und wer mit dem Feind. Das ist kein Führungsanspruch, sondern notwendige Markierung, wenn der Kampf in vollem Gange ist. 1968 veröffentlichte ich in der *Marcha* ein Gedicht, über das ich (zur Erleichterung der 62) keine Selbstkritik zu machen gedenke; es endete folgendermassen:

ein einziger tiefer graben ist's
der uns trennt
er verläuft zwischen dem mensch als wunder
und denen, die es zunichte machen

noch ist der sprung
vom einen ans andre ufer möglich
aber Vorsicht
hier stehen wir alle
ihr und wir
um es zu überschwemmen

frauen und männer
wählt
wählt, auf welches ufer
ihr euren fuss setzen wollt.

1 *Über den "Fall Padilla" ist viel geredet und geschrieben worden. Dass die Gegner der kubanischen Revolution auf diesen "Fall" gewartet (und gehofft) hatten, ist verständlich; ohne die Dissidenz von der "andern Seite" wäre die Propaganda des "Freien Westens" um vieles ärmer. Padilla erhielt 1981 eine Professur an der Princeton University, und man hört seither nichts mehr von ihm. Aber der "Fall Padilla"* scheint noch heute zu existieren — wie wäre es sonst erklärbar, dass Mario Benedetti bei seinem Auftritt in Zürich im Herbst 1984 auf ebendiesen "Fall" noch einmal (zum wievielten Mal wohl!) angesprochen wurde. Was war geschehen? Der kubanische Dichter Heberto Padilla, 1968 für seinen Gedichtband *Fuera del juego* (Ausserhalb des Spiels) mit dem Literaturpreis des kubanischen Schriftsteller-Verbandes ausgezeichnet, wurde am 20. März 1971 vom Staatssicherheitsdienst Kubas verhaftet. Er stand unter dem Verdacht "konterrevolutionärer Tätigkeit" und wurde 37 Tage lang in Untersuchungshaft festgehalten. Die "Selbstkritik", mit der er nach der U-Haft an die Öffentlichkeit trat, löste einen internationalen Sturm der Entrüstung aus. In einem offenen Brief wandten sich 62 Künstler und Intellektuelle an Fidel Castro und denunzierten die — ihrer Meinung nach — "flagrante Verletzung der künstlerischen Gewissensfreiheit". Auf dieses (und ähnliche folgende) Schreiben nimmt Benedetti in diesem Essay Bezug. Dabei wird der "Fall Padilla" zu einem Anlass, um ganz andere Fälle aufzurollen. (Als weiterführende und aktualisierende Literatur zum Thema sei hier empfohlen: Martin Franzbach, *Kuba, die Neue Welt der Literatur in der Karibik,* Köln 1984.)

2 *La Coupole:* vermutlich ist Paris damit gemeint

3 Anspielung auf den Romantitel *62, Modelo para armar* (1968) von Julio Cortázar, der das Manifest der 62 ebenfalls unterzeichnet hatte, sich aber später klar von den Gegnern der kubanischen Revolution distanzierte.

4 Siehe auch in: Mario Benedetti, *Cuaderno Cubano,* Arca, Montevideo 1969

5 Dt.: *Ausserhalb des Spiels,* Frankfurt/M 1971

6 Dt.: *Episoden aus dem Revolutionskrieg,* Frankfurt/M 1982

7 *Gusano* (dt. Wurm): Schimpfwort für die Kubaner, die gleich nach der Revolution das Weite suchten.

8 Näheres dazu siehe Essay in diesem Band "Mafia, Literatur und Nationalismus"

Der Intellektuelle in einer Zeit der Wandlungen

In der Serie *Transformaciones* (Wandlungen), herausgegeben vom *Centro Editor de América Latina* in Buenos Aires, ist eine Broschüre mit dem Titel "Die Intellektuellen" erschienen; es handelt sich um eine gründliche Auseinandersetzung mit einem der wirrsten und ambivalentesten Kapitel in einem unterentwickelten und neokolonialen Umfeld, wie es Lateinamerika ist.
Es dürfte nützlich sein, sich auf die Daten, Zitate und Überlegungen des Autors, Fernando Brumana, zu stützen und die von ihm aufgezeigten Linien noch etwas auszudehnen. Er beginnt mit dem berühmten Gramsci-Zitat: "Alle Menschen sind Intellektuelle, aber nicht alle haben in der Gesellschaft die Funktion von Intellektuellen." Ausgehend von dieser idealen Auffassung (die ganz und gar einleuchtet), wendet er sich einer Überprüfung der Realität zu, wo die Verwirklichung von Gramscis Wahlspruch zwar etwas möglicher geworden sein mag, aber immer noch mehr als genug Hemmnisse, Vorurteile und Frustrationen vorherrschen, die einer dringend notwendigen Anpassung der Funktionen des Intellektuellen an die Erfordernisse des gesellschaftlichen Umfeldes im Wege stehen. Glücklicherweise hat dieses soziale Umfeld die Windstille und die ideologische Routine bereits überwunden und steuert mit dem Willen zur Wandlung in Richtung Zukunft, die in einigen Fällen zwar erst in Ansätzen progressiv aussieht, in anderen aber durchaus schon revolutionär.
"Der Intellektuelle kann sich selbst nicht mehr verwirklichen", schreibt Brumana, "es sei denn, er breche endgültig mit der Vorstellung von einer Realität als einheitlichem, unabhängigem Faktor und überprüfe offenen Auges die tristen empirischen Möglichkeiten." Und er kann sich schon deshalb nicht mehr selbst verwirklichen, fügen wir hinzu, weil inzwischen die Realität ihrerseits beträchtlich mehr von ihm fordert. Ein aufmerksames Überprüfen ist sicher gestattet, ist wohl auch unumgänglich, aber in Wirklichkeit misst dem niemand mehr auch nur die geringste Bedeutung bei; niemand mit Ausnahme des einen oder anderen Spätzünders, der es ausserdem fertigbringt, ein solches Überprüfen indirekt zu Rechtfertigungszwecken zu benützen und dazu noch eine Geschicklichkeitsübung dar-

aus zu machen. Diese Indifferenz der Umgebung sollte nicht als Missachtung der Gemeinschaft gegenüber der Arbeit und Kapazität des Intellektuellen aufgefasst werden, sondern gilt ausschliesslich einer beruflichen intellektuellen Tätigkeit, die völlig losgelöst von der unmittelbaren Umgebung, ihren Tätigkeiten, ihren Prioritäten ausgeübt wird.

Plötzlich steckt im Intellektuellen ein notorischer Widerspruch; der Autor belegt ihn mit einem Zitat von André Gorz: "Der Intellektuelle verleibt sich gleichsam die Realität ein, um die Verantwortung für sie zu übernehmen und indem er das tut, beweist er, dass sie sich einzuverleiben bedeutet, Horror vor ihr zu empfinden." Nun gut, solch widersprüchliches Verhalten, das mit Erkenntnis anfängt und mit Zurückweisung endet, stellt wohl so etwas wie einen Kreuzweg dar und ist offensichtlich nicht mehr nur taktisch, sondern vor allem ideologisch zu verstehen. Je unbestechlicher die aufklärerische Arbeit des Intellektuellen, je brauchbarer seine Methoden zur Interpretation der Wirklichkeit, desto klarer zeigen sich die Umrisse der Gerechtigkeit, aber auch die Risiken, die dies mit einschliesst.

Vielleicht ist Gorz zu subjektiv (oder zu sehr Europäer), wenn er diese inneren Unruhen auf den Begriff "Horror" bringt. Nicht alle Intellektuellen empfinden vor der selbstauferlegten Verantwortung für die Realität unbedingt Horror. Im Gegenteil, es gibt auch solche, die sich dabei höchst angeregt, zuversichtlich und entschlossen fühlen, die dies auch zum Anlass nehmen, ein zunehmendes Vertrauen in die Wandlungsfähigkeit des Volkes zu gewinnen. Es ist allerdings sehr wohl möglich, dass es gerade diese Wandlungsfähigkeit ist, die in einigen Intellektuellen den erwähnten Horror hervorruft. Im vorliegenden Aufsatz zitiert Brumana dazu einen enthüllenden Satz des Franzosen Drieu La Rochelle, einem begeisterten Nazi-Kollaborateur: "Es ist das Ziel der Intellektuellen oder eines Teils von ihnen, den Ereignissen zuvorzukommen, Wahrscheinlichkeiten zu prüfen, die gefahrvoll sind, die Pfade der Geschichte zu erproben. Auch wenn sie sich dabei zuweilen irren können — Geduld! Sie erfüllen eine notwendige Mission, nämlich dort zu sein, wo die Massen *nicht* sind. Ob den Massen voraus oder neben oder hinter ihnen, ist unerheblich — nur an einem andern Ort, irgendwo."

Nun, manchmal verspüren nicht nur Rechtsintellektuelle den Wunsch, "irgendwo", anderswo zu sein. In den letzten Jahren zeigt sich ein Auseinanderklaffen zwischen den geschriebenen Erklärungen und Meinungsäusserungen von Intellektuellen und ihren Aktivitäten, die sie vor oder nach (im allgemeinen nach) solchen Äusserungen entfalten. Geschrieben und zitiert werden öfters Aussprüche wie "Die Wahrheit ist eine revolutionäre Tatsache" oder "Die Aufgabe des Intellektuellen ist, die Wahrheit zu sagen". Aber das Sagen allein genügt nicht; man muss auch handeln in Übereinstimmung mit dieser Wahrheit. Nur so verwandelt sie sich in eine revolutionäre *Tatsache.*

Der spanische Romancier Juan Goytisolo hat einmal geschrieben: "Eines der Paradoxe der Epoche, und nicht das kleinste, besteht darin, dass wir Intellektuelle und Künstler für eine Welt kämpfen, die vielleicht für uns nicht mehr bewohnbar sein wird", (in: "Examen de conciencia"). Goytisolos späteres Verhalten beleuchtet dieses partielle Eingeständnis besser. Sein leidenschaftliches Eintreten für eine liberale und elitäre Konzeption des Schriftstellers deutet auf den Grund hin, aus dem heraus ihm jene Welt (etwa eine sozialistische Gesellschaft?), für die einige Intellektuelle ohne grosse Überzeugung kämpfen, als unbewohnbar erscheinen mag.

Denn in Wirklichkeit wird eine revolutionäre Gesellschaft sich immer im Sinne von *Volk* definieren und nicht von *Elite;* nicht von unantastbaren Verwaltern des Geistes, die über Politik unwiderrufliche und unfehlbare Urteile fällen, ohne je selber herabzusteigen und sich Hände, Kugelschreiber und Metaphern im komplexen politischen Geschehen zu verunreinigen. Sollen die andern das anpacken, sollen es andere riskieren, sollen andere dort sein, wo die Massen sind (und wo Drieu La Rochelle so sehr in Panik gerät), sollen andere eine allgemeinverständliche Sprache schreiben; sollen andere — nicht nur reden von Umwandlung, sondern auch daran arbeiten und sie voranbringen. In der Zwischenzeit werden sie ihrerseits diese ungehobelten, praktizistischen Bemühungen überwachen und ihren kritischen Katalog darüber zusammenstellen. Sie, die Ideologen der Einsamkeit, leisten ihren Beitrag in der Form eines furchtsamen Pessimismus, mit ihrem klassischen "tiefen Leiden", mit ihrer Berufung zur Niederlage. Sie wissen immer schon im voraus, dass der Schriftsteller (auch in einer revolutionären Gesellschaft) in seiner Freiheit beschnitten wird, unter anderem, weil sie auch leidenschaftliche Sammler von Vorgeschichten, Hemmschuhen und verlorenen Glaubensgegenständen sind. Sie sind die Kollektionisten von Zu- und Ausflüchten.

Wenn ihnen zu Ohren kommt, dass in irgendeinem Land, wo das Volk regiert, einem Schriftsteller womöglich Unrecht geschehen ist, untersuchen sie nicht (vielmehr sind sie an einer Abklärung gar nicht interessiert), ob es sich so verhalten habe, sondern beugen sich entschlossen der Tatsache, die ihnen zur Vervollständigung ihrer Verdachtsammlung gerade recht kommt. Aber so, wie eine mögliche Willkür gegenüber einem ihrer Kollegen sie zur Raserei treiben kann, scheint andrerseits die Eroberung der Freiheit, Unabhängigkeit und Souveränität für ein ganzes Volk, einschliesslich seiner Schriftsteller, sie kaum zu erschüttern. Beim Abwägen von Verdiensten und Vergehen wiegt in ihren Augen die Waagschale, wo eventuelle Ungerechtigkeiten gegen einen Dichter abgemessen werden, immer schwerer.

Das bringt allerdings mit sich, dass man ein viel grundlegenderes Konzept von Freiheit aus den Augen verliert. In Sachen Freiheit darf man nicht leichtfertig sein. Was bliebe dem Intellektuellen sonst noch als Richtschnur übrig in diesem erstickenden Kontext der Unterentwicklung? "Der Intellektuelle spielt den armen Verwandten am Tische des grossen Herrn. Solange er sich darauf beschränkt, Geniales zu äussern und den Hausherrn zu preisen, ist ihm sein Platz sicher. Aber jeder Einmischungsversuch in die Entscheidungen des Haushalts kann seinen Rauswurf provozieren. Die grösste Gefahr für den Intellektuellen besteht jedoch nicht in dieser offenen Form der Feindseligkeit, sondern in der verdeckten: dann, wenn seine Kritik Anklang findet und er zum *Enfant terrible* gemacht werden kann, das seinen Ausbeutern noch zur geistigen Zierde gereicht. Der

Intellektuelle kann soweit kommen, an einer solchen Lage Gefallen zu finden, sich in sich selber zu verlieben, in seine moralischen Anwandlungen und in das, was er für seine Autorität hält."

Gewisse lateinamerikanische Schriftsteller, die früher einmal eine antiimperialistische Haltung eingenommen haben, opferten im Lauf der Zeit ihren Standpunkt, ihre Überzeugungen und Prinzipien und stellten sich (Beispiel Miguel Angel Asturias) unverhohlen in den Dienst eines Unterdrückerregimes. Selbst in unserem Land gibt es Schriftsteller (glücklicherweise nicht viele), die glauben, dass sie ihrer linken Vergangenheit nicht untreu würden, wenn sie in Pachecos und Bordaberrys unumschränkter Hausmacht hohe Posten von beträchtlicher politischer Verantwortung bekleideten. Diese "genialischen" Unterwanderer, allzeit bereit, ihre militanten, engagierten Kollegen mit "revolutionären" Vorwürfen zu überschütten; diese erlegten Jäger enden im allgemeinen verhängnisvoll, in den Botschaften, Ministerien, Staatssekretariaten und in anderen "Schützengräben" der Diktatur.

In Sachen Politik bewegt sich der Schriftsteller im allgemeinen auf unsicherem Boden. Und diese Unsicherheit führt oft zu Frustrationen. Von einem ausschliesslich literarischen Gesichtspunkt aus wäre dies sicherlich keine Tragödie, da Frustrationen ja ein ergiebiges Thema in Roman und Lyrik sind. Aber auf einer anderen, menschlich schwerwiegenderen Ebene kann diese Frustration auch zur Sackgasse werden; und später übrigens ein Hemmnis auch im literarischen Bereich. Es geschieht nicht selten, dass ein Schriftsteller aus einer Periode emotionaler, politischer oder religiöser Frustration heraus eine hervorragende künstlerische Leistung vollbringt. Manchmal aber verfällt er auch einem Leerlauf: Alles dreht sich nur noch um seine Person und seine Erfolge, und er schafft den Anlauf für einen qualitativen Sprung nicht mehr, kommt über experimentelle Ansätze nicht mehr hinaus.

Spezialisten auf dem Gebiet der Förderung der Intellektuellen als Kaste, wie etwa Marcuse und Horkheimer, üben bittere Kritik an der Konsumgesellschaft, aber da sie keinen gangbaren Ausweg sehen, richten sie sich mittlerweile bequem ein — nicht nur in der Konsumgesellschaft (in irgendeiner Weise werden wir uns alle darin einrichten müssen, solange der Wunsch nach Veränderung in der Realität uneingelöst bleibt), sondern auch in ihren einschlägigen Konzepten, die dieses Umfeld im wesentlichen gewährleisten. Kritik ohne gangbare Vorschläge meint ungefähr soviel wie Utopie, und in diesem Fach arbeiten sie allerdings mit einem Enthusiasmus, der besserer Projekte wert wäre. Brumana findet: "Sowohl Marcuse wie Horkheimer bleibt nichts anderes mehr übrig als die Utopie, der Ort (oder vielmehr eben kein Ort), von dem aus die Moralpredigten über die Welt losgelassen werden." Aber auch wenn sie über die Welt predigen: in Wirklichkeit sind sie Moralisten der Leere. Alle Vorschläge, alle Lösungen müssen verrissen werden. Freiheit ist für sie nicht eine Errungenschaft, sondern ein Fetisch. Und als bedauernswertes Ergebnis davon verwandeln sich ihre Schüler und Jünger (die es auch unter Lateilamerikanern gibt) in so etwas wie Rauschgiftsüchtige der Freiheit.

"Diejenigen aber", sagt Brumana, "denen es gelingt, aus

ihrer Einsamkeit auszubrechen, sich den Weg zum Volk, zur Geschichte, zu einem revolutionären Ziel zu öffnen, zu einem Plan, der sie rechtfertigt und mit einschliesst — sie machen die reicheren Erfahrungen." Und an dieser Stelle kommt er zu einer perfekten Übereinstimmung mit einem Zitat aus anderer Quelle: "Die Philosophen haben die Welt nur verschieden *interpretiert,* es kommt aber darauf an, sie zu *verändern."* Alle diese Interpretationen sind tatsächlich greifbar zur Hand, in eigenen oder öffentlichen Bibliotheken. Der qualitative Sprung, der vom heutigen Intellektuellen eigentlich erwartet wird, bestünde darin, aus diesen Interpretationen, die andere geleistet haben (oder auch aus eigenen Interpretationen), jene auszuwählen, die eine Veränderung glaubwürdiger und realisierbar machen. Und auch dabei kann er nicht stehenbleiben, vielmehr kann und muss er an diesem Veränderungsprozess selber mitwirken; es ist dies eine realistische und grossherzige Art und Weise, um gleichzeitig auch sich selbst zu verändern. Vorher aber muss er aus seinem Elfenbeinturm herabsteigen und auf die Strasse gehen, seinen Nächsten Schulter an Schulter begleiten und in einem unbeaufsichtigten Augenblick seine Eitelkeit dem Kehricht überantworten. Wenn sich dann sein individuelles Bewusstsein mit so viel Leben füllt, dass es sich in kollektives Bewusstsein verwandeln kann, wenn er beginnt, sich beim Wort *Volk* mehr angesprochen zu fühlen, als wenn sein eigener Name gerufen wird, dann wird er wissen, dass er selber bis zum Hals im Veränderungsprozess drinsteckt. Auch wenn er weiterhin Intellektueller bleibt und in dieser Eigenschaft am Prozess mitwirkt, wird die Hauptsache für ihn dennoch nicht mehr dieser Beruf (einer von vielen), sondern der Prozess selber sein, dessen Höhepunkt in irgendeiner Form Gramscis Forderung umfassen wird: dass eines Tages alle Menschen die Funktion von Intellektuellen ausüben werden. Ich bezweifle, dass diese Utopie Marcuse oder Horkheimer gefallen würde. Vielleicht schon deshalb nicht, weil sie keine Utopie bleiben wird.

Klassenkampf und die Einsamkeit des Schriftstellers

Der Bericht von Marta Traba über einen Schriftstellerkongress in Costa Rica, erschienen in *Marcha,* enthält etliche Stellen, die zum Widerspruch herausfordern. Ich möchte mich dennoch nur mit einem Punkt befassen. In den schweren Zeiten, die in den meisten Ländern Lateinamerikas herrschen und letztlich auch die Schriftsteller betreffen, ist es nach meinem Dafürhalten wichtig, dass diese sich Gedanken machen über die Art und Weise ihrer Eingliederung in diese schwierigen und komplizierten Prozesse. Marta Traba schreibt: "Mit Walter Benjamin bin ich der Auffassung, dass der Schriftsteller den gesellschaftlichen Umbruch, die Revolution und alles was um ihn herum geschieht, allein von der Warte seiner Einsamkeit aus betrachten kann, und niemals, wie die übrigen Mitglieder der Gemeinschaft, von einer Warte des Klassenkampfs."

Stellen wir zunächst fest, dass die Auffassung von Marta Traba und die darin verschlungene von Walter Benjamin schon immer (und besonders in jüngster Zeit) zahlreiche Anhänger hatte. Die ideologische Hege und Pflege der Einsamkeit dient in vielen Fällen dem Zweck, die Nichtteilnahme der Schriftsteller am politischen und gesellschaftlichen Wandlungsprozess, der heute in den abhängigen, unterentwickelten Ländern im Gange ist, vehement zu verteidigen. Die Einsamkeit verwandelt sich dabei in einen fabelhaften Schützengraben, und für den Schriftsteller, der sich darin verschanzt, bekommt die Verteidigung seiner Einsamkeit dann oft den Vorrang gegenüber dem Kampf um die vitalen Interessen seines Volkes. Ich weiss, dass bei einigen Kollegen schon das Wort "Interessen des Volkes" Unbehagen hervorruft, aber es gibt eben kein zutreffenderes, wenn ich von den rechtmässigen Interessen eines Volkes sprechen will.

Es ist durchaus einleuchtend, dass die harte Erfahrung des Stalinismus mehrere Generationen europäischer Schriftsteller entwaffnet und lähmt, und dass eine Mehrheit von ihnen ihre unnachgiebige Einsamkeit von überall her durch heimtückische Angriffe bedroht wähnt. Wir lateinamerikanischen Schriftsteller jedoch, die jene erdrückenden Ereignisse nur aus der Ferne erlebten, haben keinen Anlass, Urteil oder Reaktionen französischer, italienischer, sowjetischer oder deutscher Kollegen unter uns zu verbreiten oder zu reproduzieren. Damit soll nicht gesagt sein, es hätte nicht auch in Europa immer Schriftsteller, Philosophen und Theoretiker gegeben, die in der Lage waren, das Problem adäquat anzugehen.

"In einer Gesellschaft leben und nicht zugleich von ihr abhängig sein, ist unmöglich", sagte Lenin 1905, und das Wort behält seine Gültigkeit auch in diesem Montevideo des Jahres 1972. Es gilt genauso wie auch der Satz, dass es möglich ist, in einer Gesellschaft zu *leben* und *nicht abhängig zu sein* von dem, was in einer anderen vor sich geht. Der Intellektuelle zum Beispiel, der in der montevideanischen Gesellschaft von heute lebt, hat keinen Grund, sich abhängig zu machen von dem, was in einer europäischen Gesellschaft geschieht. Wir leben in dieser Gesellschaft und sind abhängig von ihr. Hier kann jeder Schriftsteller "den gesellschaftlichen Umbruch, die Revolution und alles, was um ihn herum geschieht" mit eigenen Augen wahrnehmen, und zwar genauso gut wie "die übrigen Mitglieder der Gemeinschaft".

Niemand wird bestreiten, dass die Flucht in die Einsamkeit alles in allem eine reale Möglichkeit darstellt. Aber nicht eine zwangsläufige. Der Blick ausschliesslich aus einer solchen Inselperspektive kann zu einem furchtsamen Individualismus führen, kann auch ein billiges Abgrenzen sein vor der ihn umgebenden Problematik; kann vor allem auch bedeuten, dass der Schriftsteller (aus dem einzigen Grunde, weil er Schriftsteller ist) sich verpflichtet, fühlt einen hygienischen Abstand zur Realität zu wahren, weil nur dieser Abstand ihm erlaube, das Ganze zu beurteilen — von einem persönlichen Standpunkt aus, nach persönlichen Kriterien, also schlicht paternalistisch und vollständig abseits vom Klassenkampf.

Da dieses Thema immer delikat ist und sehr sensible Stellen künstlerischer Empfindsamkeit berührt, möchte ich keine Missverständnisse aufkommen lassen. Seine Umgebung aus einer Perspektive des Klassenkampfes sehen, bedeutet meiner Ansicht nach nicht, der Schriftsteller habe sich zu diesem Zwecke einer einzigen monolithischen Lehre zu verschreiben. Aber das Recht auf andere Auslegungen ist ebensowenig sein alleiniges Vorrecht, sondern steht dem ganzen Volke zu. Ähnliches gilt für die Kritik. Wenn gesagt wird (neuerdings vor allem von lateinamerikanischen Schriftstellern, die sich in Europa niedergelassen haben), der Schriftsteller sei das *kritische Bewusstsein* der Gesellschaft, drückt sich darin ein Zug von kaum verhüllter Arroganz aus. Der Schriftsteller hat zwar sehr wohl das Anrecht darauf, kritisches Bewusstsein seiner Gesellschaft zu werden, aber als Bürger, als Teil dieser Gemeinschaft, und nicht des zufälligen (oder privilegierten) Umstands wegen, dass er Schriftsteller ist. Nur so kann Kritik die Form bescheidener Menschlichkeit annehmen; nur so lässt sich vermeiden, dass von Podesten herunter über Gut und Böse befunden wird, über das, was der übrige Teil der Gemeinschaft tut. Der Staatsbürger, der in irgendeiner Form an seiner Gesellschaft Kritik übt, tut dies (besonders dann, wenn diese Gesellschaft sich in eine revolutionäre verwandelt) im Bewusstsein, dass er dabei sich selber beurteilt und kritisiert, da er stillschweigend voraussetzt, dass auch er an den kollektiven Fehlern und Irrtümern einen Anteil hat.

Aber nehmen wir uns das Zitat, das diese Zeilen veranlasste, noch einmal vor und stellen wir die Frage umgekehrt: Weshalb können die übrigen Mitglieder des Kollektivs den gesellschaftlichen Umbruch, die Revolution und was um sie herum geschieht, aus einer Perspektive des Klassenkampfes sehen, und warum sieht allein der Schriftsteller das alles aus der Perspektive seiner Einsamkeit? Die Antwort darauf kann, glaube ich, nur sein, dass die übrigen Mitglieder des Kollektivs bereit sind, am Klassenkampf teilzunehmen und der Schriftsteller nicht. Und dass er allein dazu bereit ist, sich in seiner Einsamkeit einzurichten, um aus sicherer Ferne unbeteiligter Zeuge zu sein.

Unangenehm bei dieser Interpretation, die im kombinierten Zitat Traba/Benjamin durchaus enthalten ist, dürfte der Umstand sein, dass es unbeweisbar ist, dass wirklich viele Schriftsteller (zumindest in unserem Land) damit einverstanden wären, sich vom Klasenkampf loszusagen und den gesellschaftlichen Umbruch nicht mehr aus der Perspektive eben dieser Konfrontation zu sehen. Die famose Einsamkeit (Wer hätte sie nicht durchlebt? Wer hätte nicht tiefempfundene Gedichte über sie verfasst und täte es nicht weiterhin?) entsteht oft aus frustrierten Empfindungen heraus; der Schriftsteller leidet oft unter der bedrückenden Vorstellung, er produziere nur für eine Elite, für eine dünne, unbewegliche Schicht, die nicht zu- und nicht abnimmt. Aber das ist eine natürliche Folge unserer kulturellen Unterentwicklung. "Ich setze als gegeben voraus", schreibt eine andere hellsichtige Europäerin, die Engländerin Jacqueline Kaye, "dass keine Gesellschaft *mit unterentwickelter Wirtschaft* eine *entwickelte Kultur* haben kann." Mit anderen Worten: Die einzige Art und Weise, wie der Schriftsteller seine Frustration und seinen Egozentrismus (beides Symptome der kulturellen Unterentwicklung) überwinden kann, besteht darin, seinen Beitrag zu leisten an den Klassenkampf und an die zähe Arbeit der Entwicklung (wirtschaftlich, kulturell etc.). Nur in einer entwickelten Wirtschaft kann auch Kultur sich entwickeln, kann der Mensch (und der Schriftsteller als Mensch) seine Einsamkeit überwinden und sich kulturell und menschlich verwirklichen. Hingegen erscheint es weder logisch noch gerecht, dass dieser Klassenkampf, dieses Ringen um Entwicklung *ausschliesslich und allein* von den "übrigen Mitgliedern der Gemeinschaft" ausgefochten werden soll, ohne auf die doch manchmal klärende Mitwirkung des Intellektuellen zählen zu können.

Wie könnte der Schriftsteller hinterher ruhig und gelassen die Früchte dieses schwierigen Unternehmens geniessen, wenn er sich in keinem Teilabschnitt, an keiner Front daran beteiligt, sondern vielmehr in seine Einsamkeit gehüllt zugeschaut hätte, wie *die übrigen* sich aufopferten und Risiken eingingen? Nur indem der Schriftsteller in irgendeiner Weise am kollektiven Wandlungsprozess teilnimmt, erwirbt er sein unveräusserliches Recht, sich ebenfalls verwandelt zu fühlen. Gramsci drückt es am besten dort aus, wo er "vom Kampf für eine neue Kultur" spricht, "das heisst: für ein *neues moralisches Leben,* das in engstem Zusammenhang mit einer neuen Lebensauffassung steht. Das Leben soll sich in eine neue Art des Fühlens und Wahrnehmens von Realität verwandeln, das heisst in eine Welt, die den 'möglichen Künstlern' und den 'möglichen Kunstwerken' aufs engste verbunden ist."
Nur so kann der Kreis von Leben und Kultur richtig geschlossen werden. Ist damit auch das Problem der Einsamkeit jedes Schriftsteller-Individuums gelöst? Sicher nicht. Wir sind "Menschen im Übergang" (wie der kubanische Dichter José Z. Tallet einmal sagte, den sein Landsmann Roberto Fernández Retamar zitiert); wir sehen zwar klar in bezug auf die einzuschlagende Richtung, aber wir sind noch behaftet mit Vorurteilen, Vorbehalten, falschen Besorgnissen, Routine, altem Groll, Bitterkeiten, Fanatismen, Ängsten, Aberglauben und Wahnvorstellungen. Wenn wir auch noch nach längeren Reifeprozessen und nach unserer Integration in den gemeinsamen Kampf weiterhin Sklaven unserer Isolierung, unserer Abkapselung bleiben, dann sicher nicht wegen unserer geistigen Überlegenheit oder weil die Umgebung uns nicht versteht, sondern wahrscheinlich nur deshalb, weil wir stärker als der unverbildete Durchschnittsbürger Verbildungen und Deformationen ausgesetzt waren. Aber auch wenn der "Mensch/Schriftsteller im Übergang" fortfährt, unter Isolierung und Einsamkeit zu leiden, weiss er im Grunde, dass es unzulässig ist, den gesellschaftlichen Umbruch "von einer Perspektive der Einsamkeit aus" zu betrachten, dass dieser vielmehr nur vom Standpunkt des Klassenkampfes aus zu sehen ist. Möglich also, dass er weiterhin sein Teil

Einsamkeit erleidet, was ihn jedoch nicht daran hindert zu erkennen, dass diese als Ausgangspunkt zur Beurteilung seiner Umgebung oder der Gesellschaft oder auch nur seines Nächsten nicht geeignet ist. Um das, was ihn umgibt, wirklich beurteilen zu können, muss er sich als dessen integrierten Bestandteil fühlen und nicht als isoliertes Teilstück davon. Und vielleicht ist gerade dies auch die beste Art, sich als Individuum zu führen: sich in ein Volk integriert zu wissen. Man könnte vielleicht denken, dass es den Schriftsteller wegen seiner fast unvermeidlichen Berufsdeformationen mehr als alle andere koste, ein klares soziales Bewusstsein zu entwickeln. Aber davon auszugehen, solche Deformationen seien so gut wie unheilbar, hiesse zuwenig Vertrauen in die menschlichen Fähigkeiten setzen, in Verstand, Überzeugungs-, Anpassungs- und Hingabefähigkeiten, die ein Schriftsteller normalerweise besitzt, um sich in einen historischen Prozess mit revolutionären Vorzeichen einzubringen.

Die Beteiligung des Schriftstellers an solchen Entwicklungen steht in engem Zusammenhang mit der Frage der Bescheidenheit. Für den modernen Schriftsteller, der unausweichlich geprägt wird von bürgerlichen Denkmustern und von den ebenso unerbittlichen wie verbrämt gestellten Anforderungen des Marktes bedeutet ein revolutionärer Prozess auf allen Stufen immer auch eine ausgezeichnete Kur zur Wiederherstellung seiner Bescheidenheit, eine ideale Therapie innerer Erschütterungen mit reinigender Wirkung. Solche Krisen des Übergangs mögen zuweilen schwierig und ermüdend sein, aber der Künstler geht wie geläutert und neu belebt daraus hervor — häufig für immer kuriert von dem beschwerlichen Leiden, das man Einsamkeit nennt.

Weder Opfer noch Ankläger [1]

Zwischen Schriftsteller und Publikum sind gewisse Reibflächen vorhanden, das ist wahr. Nicht immer, und nicht in allen Fällen, aber es gibt sie. Vielleicht rühren sie auch daher, dass die Beziehungen zwischen beiden oft missverstanden werden, und dass dieses Missverständnis durch eine Unsicherheit hervorgerufen wird, die auf seiten des Publikums darüber herrscht, was von einem Schriftsteller verlangt werden darf und auf seiten des Schriftstellers darüber, welche Funktion er gegenüber dem Publikum hat. Wir sind alle unsicher, Sie und wir. Aber in dieser allgemeinen Unsicherheit muss der Schriftsteller zwei Versuchungen widerstehen können: zum einen, dass er zum Ankläger der Geschichte, zum andern, dass er zum Opfer der Geschichte wird. Heute, hier an diesem runden Tisch, hatten fast alle ein wenig die Tendenz, sich als Opfer der Geschichte zu erklären. Schuld ist nicht allein der Umstand, dass an Literatur und Literaten bestimmte Anforderungen gestellt werden. Schuld sind auch die Schriftsteller selber. Zum Beispiel pflegen sie sich abzusondern — aus verschiedenartigen Gründen, die von Schüchternheit bis Hochmut reichen, mit allen möglichen Spielarten dazwischen.
Ob wir es zugeben oder nicht: Man sondert sich ab und hat die Tendenz, sich in einer Art Clan einzurichten. Kein Clan mit wirtschaftlichen Privilegien; wir alle wissen, dass punkto Geldverdienen jeder andere Beruf einträglicher wäre. Aber es gibt da offenkundig gewisse Anregungen, Formen der Förderung, der öffentlichen Aufmerksamkeit, Erwartungshaltungen, die der individuellen Eitelkeit schmeicheln. Darin mag denn auch der Grund liegen, warum der Schriftsteller einer Art intellektueller Freimaurerei zuneigt. Dabei nimmt er dann auch die Gewohnheit an, ziemlich aggressiv auf seine Freiheit zu pochen und lautstark seine Stimme zu erheben, wenn irgendein anderes Clan-Mitglied sich angegriffen fühlt.
Ich möchte einem Einwand zuvorkommen: Ich meine nicht, dass ein Manifest, wie es hier erwähnt worden ist, nicht die Namen von Schriftstellern enthalten solle, die heute in ganz Lateinamerika ihrer Freiheit beraubt sind. Aber just darin zeigt sich auch wiederum der Clan-Geist. Warum nur die Befreiung unserer Kollegen fordern? War-

um verlangen wir nicht auch die Befreiung Ongaros oder Palmeiras [2] (um zwei Namen als Beispiele zu nennen) oder anderer Lateinamerikaner, die wegen politischer oder gewerkschaftlicher Aktivitäten im Gefängnis sitzen, und die nicht Schriftsteller sind?

Der Schriftsteller bedarf einer dringenden Therapie zur Wiederherstellung seiner Bescheidenheit, um sich wieder in die Gesellschaft zu integrieren — in erster Linie als Bürger. Das bedeutet nicht, dass er gezwungen wird, Flugblätter zu schreiben und übermenschliche Leistungen zu vollbringen, um mit der Gemeinschaft wieder in Verbindung zu treten. Adoum sprach vorhin von gewissen Forderungen, die an den Schriftsteller herangetragen würden, Forderungen, die oftmals ungerecht sind: dass zum Beispiel ein Riesenskandal gemacht wird, wenn ein Schriftsteller nach Europa geht, wenn er sein Land verlässt. In einem Land wie dem unsrigen gibt es in Sachen Exodus zweifellos schlimmeres als den Wegzug eines Schriftstellers. Ich denke an die Abwanderung der Techniker, die an der Universität ausgebildet worden sind. Ich meine, dass in dieser Hinsicht im Publikum falsche Vorstellungen herrschen.

Wenn der gleiche Adoum jedoch sagt, vom Schriftsteller werde eine verbindliche, verständliche Sprache verlangt — und dann einen Vergleich mit dem Ingenieur zieht, von dem schliesslich auch niemand verlange, er müsse seine Anleitungen zum Bau einer Brücke in einer allen zugänglichen Sprache schreiben — sicher, man könnte hinzufügen, auch vom Architekten oder vom Chemiker verlangt niemand etwas, das mit dem Schreiben eines Buches vergleichbar wäre, wenn sie Baupläne oder die Formel eines Medikamentes aufzeichnen. Aber etwas an diesen Vergleichen hinkt: Das Werk des Schriftstellers ist sein Buch, seine Sprache. Im Gegensatz dazu ist das Werk des Ingenieurs schlussendlich nicht das Buch, in dem er erläutert, wie eine Brücke gebaut wird, sondern die Brücke selbst. Und man versteht eine Brücke, wenn man sie überquert, sich ihrer bedient; man versteht ein Haus, indem man es bewohnt und so weiter.

Ich möchte jetzt noch auf die politischen Gefahren und Versuchungen eingehen, denen der Schriftsteller sich ausgesetzt sieht — Gefahren und Versuchungen, auf die er manchmal zu empfindllich reagiert. Natürlich gehen sie vom Imperialismus aus, der sein Vorgehen immer mehr anpasst und verfeinert, der geradezu eine "Operation Verführung" orchestriert, mit allerfeinsten Behandlungsmethoden für die Eitelkeit und mit besonderer verbaler Aufmerksamkeit gegenüber der famosen Freiheit des Schriftstellers. Ganz offenkundig kennt das Imperium die Karte, die sticht; weiss es, dass der Schriftsteller schon aus Gründen seiner Funktion, seines Berufs (der gewissermassen das Denken ist) sich schwerlich von heute auf morgen in einen entschiedenen Anhänger des Imperialismus verwandeln dürfte, in den Feind seines eigenen Volkes. Allerdings ist auch bekannt, dass eine schonungsvolle Behandlung seiner Eitelkeit, die Sorge um seine Freiheit, unter Umständen bewirken, dass er neutralisiert werden kann. Denn die grösstmögliche Dividende, die der Intellektuelle dem Feind einbringen kann, erlangt dieser nicht durch die Bindung des Intellektuellen, sondern durch seine Neutralisierung. Ich habe in diesem Zusammenhang manchmal aus dem an Unamuno gerichteten Brief von Rodó [3] die Stelle zitiert, wo der uruguayische Essayist feststellt, dass die Schriftsteller kämpfen, um "Ideen in Umlauf zu setzen". Wir setzen Ideen in Umlauf, aber wir setzen auch bestimmte Verhaltensweisen in Umlauf. Manchmal mögen die Verhaltensweisen die Ideen legitimieren, aber manchmal tragen sie auch zum Untergang der Ideen bei. Bedenklich viele Schriftsteller, darunter sehr wichtige, haben ihre Werke mit grossem politischen Engagement geschrieben und sind dann im kritischen Moment, wenn es darum ging, ein kleines Risiko einzugehen, umgefallen.

Vor allem in diesem Sinne bin ich einverstanden, dass man vom Schriftsteller nicht verlangen soll, sich auf politische und gesellschaftliche Themen zu beschränken. Ein vorsätzliches oder erzwungenes Verhältnis zwischen künstlerischer Tätigkeit und gesellschaftlicher Absicht hat nie zu guten Ergebnissen geführt, so lobenswert die entsprechenden Vorsätze und Vorstellungen auch sein mögen. Einer, der sich dazu zwingt, ein literarisch-politisches Werk zu verfassen, ohne dass er dazu eine innere, vitale Notwendigkeit verspürt, wird nichts als Machwerke hervorbringen, Aufgepfropftes und Langweiliges, was der beabsichtigten politischen Botschaft wenig oder gar nichts bringt — einfach weil es schon die Vorbedingungen eines Kunstwerkes nicht erfüllt. Vielleicht ist der einzige Weg zu einem Kunstwerk mit politischer Dimension überhaupt gerade das umgekehrte Vorgehen: nämlich, dass die soziale Ungerechtigkeit, die Entfremdung, die Zurückgebliebenheit der unterentwickelten Völker im Künstler eine solche Betroffenheit verursachen, dass er eine innere Notwendigkeit spürt, diese Thematik in seine Arbeit einzubringen. Aber zweifellos führt auch dieser Prozess nicht mit der Unfehlbarkeit einer mathematischen Formel zum Ziel. Kreative Prozesse sind manchmal unvorhersehbare, unergründliche Phänomene, welche durch vielerlei Faktoren beeinflusst werden, die einen sehr tief, die anderen mehr an der Oberfläche. Die grossen literarischen Kunstwerke mit politischem Hintergrund, wirklich umwälzende Werke, moderne wie ältere, haben nie in die gängigen Formeln gepasst, keinen Rezepten gehorcht; sie schufen sich stets ihre eigenen Formen politischer Militanz.

Das soll auch nicht heissen, dass wir ins beschränkte Credo eines Dubuffet einstimmen, der sagt: “Ich bin Idealist. Der Staat hat für das öffentliche Wohl zu sorgen und ich für das individuelle. Für einen Intellektuellen, der Revolutionär werden will, gibt es nur eine Lösung: er muss aufhören, Intellektueller zu sein.” Es ist offenkundig, dass man ein revolutionärer Intellektueller werden kann, ohne aufzuhören, ein Intellektueller zu sein. Aber man muss dieses Verhältnis neu überdenken. Nicht bei den alten Denkmustern stehenbleiben, die wir von unserer eigenen Klasse geerbt haben, Denkmuster, die wir auf unserem Bildungsgang erworben haben. Natürlich verursachen solche Prozesse stets grosse innere Verunsicherungen. Ich muss gestehen, ich habe mich erst mit den Jahren radikalisiert, aber ich komme immer mehr davon ab, gewaltsam steuern und lenken zu wollen. Und weil ich erfahren habe, welche Verunsicherungen solche Wandlungen in mir selber erzeugen, bin ich vielleicht besser in der Lage, sie auch bei anderen Intellektuellen zu verstehen.

Die Kunst ist in mancher Hinsicht zwiespältig und das, was dieser Zwiespältigkeit einen Rahmen, einen Sinn und Farbe verleiht, ist das gesellschaftliche Verhalten des Künstlers, sein Verhalten als Bürger, als Mitglied einer Gemeinschaft. Was mich an der gegenwärtigen kubanischen Realität am meisten anzieht, ist ihre eindrucksvolle Fähigkeit zu Anpassungen, Lernprozessen, neuen, phantasievollen Lösungen. Die lateinamerikanischen Intellektuellen, besonders jene, die in Europa leben, können diesen schwindelerregenden Rhythmus nicht immer verfolgen. (Sie haben zum Beispiel Mühe, sich vorzustellen, dass Irrtümer, die in der kapitalistischen Welt manchmal Jahrzehnte überdauern, umgekehrt in einer Revolution schon nach 24 Stunden überwunden sein können). Sie klammern sich an alte liberale Satzungen, als ob sie fürchteten, nach deren Hinfälligwerden könne die Welt nur noch zusammenbrechen. Letzten Endes aber ist es nur die *liberale* Welt, die einstürzen könnte (und dafür ist die Zeit nachgerade reif geworden!). Persönlich glaube ich aber, dass die Revolution nicht das letzte Wort einer Katastrophe sein wird, sondern das erste

einer neuen Dimension des Zusammenlebens, eines menschlichen Lebens ganz neuer Art, und dass in dieser neuen Dimension, in dieser neuen Lebensart der Intellektuelle sich besser als je zuvor wird verwirklichen können. Wenn eine Revolution Grundsatzprobleme der Kultur aufwirft, mit dem löblichen Willen, sie neu zu überdenken und zu lösen, dann verlangt eine revolutionäre Haltung vom Intellektuellen, dass er alle alten Vorurteile endgültig archiviert und aus sich heraus neue Kräfte freisetzt für eine Zusammenarbeit nicht nur mit seinen Kollegen, nicht nur mit den Mitgliedern des intellektuellen Clans, sondern mit seiner ganzen Umgebung, um nach neuen Antworten zu suchen.

Woran liegt es eigentlich, dass eine wirkliche sozialistische und revolutionäre Ästhetik so lange auf sich warten lässt? Einfach daran, dass es ein teuflisches Problem ist. Um die dringendsten Erfordernisse einer Revolution mit der unerlässlichen schöpferischen Freiheit in Einklang zu bringen, ist vielleicht die einzige Lösung die, dass zwischen Sozialismus und Kultur neue Beziehungen buchstäblich erfunden werden, Beziehungen, die weder die vom Stalinismus, noch die mit der hocherhobenen Standarte der Vorkämpfer für eine bürgerliche Freiheit geschaffenen sein können. Auf alle Fälle aber können diese neuen Beziehungen nicht von den Intellektuellen allein erfunden werden, auch nicht allein von den Politikern; es muss eine gemeinsame Erfindung sein. Und vor allem muss das Volk sie mittragen können.

Sartre sagte, Fragen stellen sei die einzige Art zu lernen. Er fügte hinzu: “Aber der Mensch muss auch gewissen Dingen Treue bewahren können.” Dann stellt sich die Frage, welchen Dingen man treuer sein soll. Denn manchmal stossen gewisse “Treuen” mit anderen zusammen. Und in einem Moment der Wahrheit ist man dann gezwungen, zur gleichen Zeit treu und untreu zu sein. Zum Beispiel, wenn die elitäre Freiheit des Schriftstellers in Gegensatz gerät zur Befreiung seines Volkes. In bestimmten Augenblicken gilt es zu entscheiden, was wichtiger ist: die Freiheit des Volkes oder die Freiheit einer intellektuellen Elite. Das dürfte dann auch der Moment sein, wo es dem Schriftsteller klar wird, dass er weder Opfer noch Ankläger sein kann; dass seine Aufgabe vielmehr darin besteht, seinem Volk zu helfen, die beste von allen möglichen Formen der Selbsthilfe auszuwählen und, vor allem, das beste seiner selbst zu fördern.

Anmerkungen:

1 Dieser Text beruht auf der stenographischen Version eines Diskussionsbeitrages des Autors anlässlich eines Gesprächs am runden Tisch an der Universität von Montevideo. Die übrigen Teilnehmer waren die Schriftsteller José Pedro Díaz, Carlos Maggi, Carlos Martínez Moreno, Marta Traba und Jorge Enrique Adoum.

2 *Raimundo Ongaro:* Argentinischer Gewerkschaftsführer. *Palmeiras:* Brasilianischer Studentenführer. Beide sassen in ihren Ländern im Gefängnis zu der Zeit, als dieses Gespräch am runden Tisch stattfand. M.B.

3 *José Enrique Rodó* (1871-1917), uruguayischer Essayist. Sein bekanntestes Werk *Ariel* (1900) beinhaltet unter anderem eine stark idealistisch geprägte Kritik der nordamerikanischen Zivilisation. Benedetti hat eine Rodó-Biographie verfasst: *Genio y figura de J.E.R.*, Buenos Aires 1966.

Unterentwicklung und das Wagnis der Literatur

1. Rückstand und Fortschritt

Die lateinamerikanische Literatur hatte von allem Anfang an mit Orientierungsschwierigkeiten zu kämpfen; vielleicht deshalb, weil sie geboren wurde, als andere Kulturen schon generationenaltes Wissen gehortet hatten. Es schien daher klar, dass sie nicht den natürlichen Prozess einer Selbstentfaltung einfach wiederholen konnte, den andere Weltliteraturen bereits einmal durchlaufen hatten. Gewissermassen also kam sie zu spät zum grossen Weltkulturfestival, und seit dem Inca Garcilaso (1539 — 1616), der so etwas wie ein Honorarkonsul der Renaissance für die Neue Welt gewesen war, bis zu den Dichtern und Schriftstellern von heute richtete sich ihr Bemühen darauf, sich Geltung zu verschaffen.

Dennoch blieb lange Zeit gerade diese Verspätung paradoxerweise eine ihrer attraktivsten Seiten. Noch heute klingt nach, wie Domingo Faustino Sarmiento gegenüber Andrés Bello 1842 hartnäckig einen Romantizismus verteidigte, den er in Europa wahrscheinlich bereits für überwunden hielt. Vielleicht dachte Sarmiento, dass da, wo die europäische Literatur eine Revolution vollzogen und auch schon überwunden hatte, der junge Kontinent im Gegenteil diese Umwälzung erst verstehen und sich zu eigen machen musste, denn sie hatte immerhin mit der eigenen unvollendeten politischen Revolution weit mehr zu tun als der strenge Akademismus der Klassiker.

Ein einziges Mal nur überholte Lateinamerika die kulturelle Entwicklung der Alten Welt, aber auch dieser Vorstoss war paradoxerweise durch die vielen Verspätungen bedingt. Es kam die Zeit (in den letzten drei Jahrzehnten des 19. Jahrhunderts), da die lateinamerikanischen Schriftsteller erkannten, dass sie einen Klassizismus besassen, der zwar reichlich imitiert, aber nie nachvollzogen worden war; ferner einen Romantizismus, nicht minder imitiert, der ihnen langsam unbequem und lästig wurde. Dazu kam noch ein naiver Indigenismus [1], dessen Rückständigkeit weniger mit den Europäern zu tun hatte als mit der fordernden, aber immer wieder aufgeschobenen eigenen Realität.

Aus all diesen Verspätungen erwuchs ein einziger grosser

Vorstoss: der Modernismus. Dieser Modernismus vereint klassische, romantische und autochtone Züge; es finden sich darin spanische, französische, englische und auch exotischere Anklänge. Und da er nichts von alledem war, wurde er gerade darum typisch lateinamerikanisch, um so mehr, als die Modernisten als erste erkannten, dass wenigstens eine der möglichen Arten, auf diesem vorgefundenen Mischmasch Wurzeln zu schlagen, eben gerade darin bestehen konnte, die Entwurzelung festzustellen.

Heute erlebt die lateinamerikanische Literatur eine der lebendigsten und kreativsten Etappen ihrer Geschichte. Und ganz offenkundig sind daran nicht mehr nur einige wenige grosse Namen beteiligt — die es immer gegeben hat — sondern eine breite Front von Schriftstellern, die fähig sind, ihre Realität, ihre Umgebung und einen eigenen Stil in jene Ströme einfliessen zu lassen, die stetig und auf universaler Ebene die künstlerische Leistung erneuern. Literarische Erneuerungen aus Europa und Nordamerika brauchen nicht mehr Jahrzehnte, bis sie zu lateinamerikanischen Schriftstellern gelangen. Umgekehrt werden die übermässigen ehrfürchtigen Nachahmungen immer seltener, was eine direkte Folge dieser Annäherung ist, dieser Möglichkeit, alles rasch bei der Hand zu haben. Heute steht der lateinamerikanische Schriftsteller auf gleicher Ebene mit den Autoren anderer Länder und Sprachen, übrigens mit dem nicht zu unterschätzenden Vorteil, dass er in der Lage ist, Texte in wenigstens einer oder zwei europäischen Sprachen zu lesen. Der lateinamerikanische Schriftsteller ist nicht mehr der getreue Nachahmer; er ist nun frei genug, um sich eine eigenständige Sprache zu schaffen, ausgehend von eigenen Erfindungen oder fremden, die er variiert.

Es gibt sogar Fälle — ich denke konkret an *Grande Sertâo: Veredas* (1956, der Grande Sertâo: Fusswege) von Joâo Guimarâes Rosa, oder an *Poemas y antipoemas* (1954, Gedichte und Gegengedichte) von Nicanor Parra — in denen es lateinamerikanische Schriftsteller selber sind, die neue Techniken oder neue künstlerische Auffassungen sichtbar werden lassen, welche geeignet sind, eines Tages Einfluss auf andere Literaturen zu gewinnen. Mitunter also läuft die Bewegung in beide Richtungen, hin und zurück. Ich denke beispielsweise an die Gedichte des Peruaners Carlos Germán Belli. Hinter dem verzweifelten Zeugnis von *Oh, hada cibernética!* (O du kybernetische Zauberin!) [2] und *El pie sobre el cuello* (Fuss im Nacken) [3] verbirgt sich unverkennbar Góngora, aber beim Wiederauftauchen aus der von diesem verwirrenden Limaer Dichter geduldig zusammengezimmerten metaphysischen Falle erkennt man, dass er einige peruanische "Beulen" (um einen von Bellis bevorzugten Ausdrücken zu gebrauchen) erlitten hat und dass gerade sie es sind, die in diese bemerkenswerte Dichtung eine ungewöhnliche Verbindung von Magie und Nihilismus einbringen.

2. Der homogenisierende Kolonialismus

Von Europa und den Vereinigten Staaten her gesehen erscheint Lateinamerika oft als ein grosser Schmelztigel der Völker, eine prächtige, buntgewürfelte menschliche Geographie, aber auch wie ein ziemlich homogenes Ganzes, mit einigen Schattierungen und Nuancen zwar, die jedoch etwa den regionalen Unterschieden innerhalb einer Nation vergleichbar wären. Sicher, es gibt eine mehr oder weniger gemeinsame Vergangenheit und über weite Strecken eine gemeinsame offizielle Sprache. Aber neben diesen Ähnlichkeiten sind doch Vergangenheit und Gegenwart in jedem Teil verschieden, sind die gesellschaftlichen Verhältnisse anders, haben die Sprachen einen eigenen Klang und Ausdruck.

Bemerkenswert ist der Umstand, dass der grosse Aufbruch der erzählenden Literatur Lateinamerikas, wie übrigens auch der gegenseitige Gedankenaustausch zwischen den Autoren, just in den letzten zehn oder zwölf Jahren stattgefunden hat, in einer Zeit also, wo einerseits der politische Druck und die interventionistischen Absichten der USA im unterentwickelten Lateinamerika neue Dimensionen erreichen und andrerseits in den lateinamerikanischen Völkern erstmals eine tiefgreifende antinordamerikanische Haltung zum Ausdruck kommt und sich verfestigt. Dazu kommt noch eine offenkundig balkanisierende Funktion,

die zunächst das britische Kapital, dann die nordamerikanischen Monopole direkt oder indirekt über gewisse Teile Lateinamerikas ausgeübt haben.
So paradox es erscheinen mag, aber wahrscheinlich rühren die Faktoren, die am meisten zu einer Homogenisierung beitrugen, tatsächlich von aussen her. In diesem Sinne erwies sich die gemeinsame koloniale Präsenz Spaniens bis in die ersten Jahrzehnte des 19. Jahrhunderts hinein für unser Amerika verbindender — und sei es auch nur als verständliche Reaktion — als etwa eine ohnehin rein hypothetische Verwandschaft zwischen einem Maya aus Yucatán und einem Tehuelche aus Patagonien. Ebenso wirkte im 20. Jahrhundert der wirtschaftliche, politische und militärische Druck der USA entscheidender am Bewusstsein einer gewissen strukturellen und wesensmässigen lateinamerikanischen Gemeinsamkeit mit als die wundersame Entstehung von rund zwanzig voneinaner abgetrennten nationalen Identitäten. Es ist wohl nicht allzu kühn zu behaupten, dass auch Kulturen, von den Umständen dazu gezwungen, ihre entsprechenden Antikörper hervorbringen.
Auch Schriftsteller reagieren auf diese Verwandtschaften und Verschiedenheiten. Der real vorhandene Abstand etwa zwischen zwei Künstlern ersten Ranges wie Jorge Luis Borges und Aimé Césaire umfasst — abgesehen von den unterschiedlichen Sprachen, in denen sie schreiben und abgesehen von ihren persönlichen Konzepten — auch noch die sehr reale Kilometerdistanz zwischen kontinentaler Südspitze und den Antillen. [4] Wenn man daher nach dem repräsentativsten Schriftsteller Lateinamerikas fragt, ist die Wahrscheinlichkeit gering, dass darauf jemand eine auch nur annähernd richtige Antwort findet. Dagegen lässt sich unschwer feststellen, dass der gegenwärtig wichtigste mexikanische Erzähler Juan Rulfo heisst, der wichtigste Uruguayer Juan Carlos Onetti, der wichtigste Paraguayer Augusto Roa Bastos und so weiter und so fort, Land für Land. Schwerlich aber könnte irgendeiner von ihnen ein Lateinamerika in seiner Gesamtheit repräsentieren.
Es ist aber auch zutreffend, selbst wenn es zum gerade Gesagten im Widerspruch zu stehen scheint, dass der lateinamerikanische Schriftsteller sich, manchmal abstrakt,

manchmal konkret, doch ausserordentlich besorgt zeigt um das Schicksal auch jener Gesamtheit, die der chilenische Kritiker Ricardo Latcham "unseren grossen Mischlings-Kontinent" nannte (Mischung nicht nur der Rassen, könnte man hinzufügen, sondern auch der Einflüsse, Ansprüche, Ideologien). Aus diesem Grunde trägt jedes Gedicht, jede Erzählung, jeder Roman, jedes Theaterstück in sich noch etwas mehr als die unmittelbare Umgebung des Autors; dahinter steht immer auch das übrige Lateinamerika mit seinen unterschiedlichen Arten des Erlebens, Erhellens und somit auch seines möglichen Aufbruchs. Diese manchmal verborgene, manchmal offenkundige, verdeckte oder hervorgehobene Präsenz verleiht den Werken der besten Autoren eine mitreissende Lebendigkeit, eine Sprachfülle, die letztlich die Sprache aller ist.

3. Themen in Probleme verwandeln

Als Konglomerat oder (im engeren Sinne des Wortes) als Kontinent ist Lateinamerika kein neues Thema. Von Andrés Bellos *Silva a la agricultura de la zona tórrida* (1826, Silva an den Ackerbau der heissen Zone) bis zum *Canto general* (1950)[5] von Pablo Neruda, von José Martís *Nuestra América* (1891)[6] bis zu den *Siete ensayos en busca de nuestra expresión* (1928, Sieben Essays auf der Suche nach unserem Ausdruck) von Pedro Henríquez Ureña; von José Enrique Rodós *Ariel* (1900) bis zu den jüngsten Essays von Ezequiel Martínez Estrada, von Rubén Daríos *Oda a Roosevelt*[7] bis zu den Saga-Romanen eines Alejo Carpentier wurde die kontinentale Thematik von den besten Autoren bis zur Sprengung ihres eigenen geographischen Umfelds entwickelt. Und in diesem Sinne bleibt Lateinamerika als Kontinent für seine Künstler und Intellektuellen auch weiterhin ein *Thema,* aber darüber hinaus (und das ist vielleicht das wichtigste) stellt es sich heute auch als ein *Problem.* Ein Problem sowohl für die, die es angehen wie für die, die es vermeiden. Ob sie es anerkennen oder leugnen, ob sie es im Inneren untersuchen oder aus der Ferne begutachten. Und selbst dann, wenn der Blick-*Winkel* pariserisch, londonerisch oder römisch ist: der *Blick* selber bleibt unfehlbar lateinamerikanisch.

Möglicherweise besteht das Neue alles in allem genommen darin, dass nationale Thematik in ihrem lateinamerikanischen Zusammenhang gesehen wird. Noch Alberto Blest Gana fühlte sich, als er seinen *Martín Rivas* (1862) schrieb, Balzac, Stendhal und Galdós nahe und kümmerte sich zweifellos um kein anderes Land Lateinamerikas, das nicht Chile war; als Jorge Isaacs seine *María* (1867) verfasste, bezog er sich ausserhalb Kolumbiens wahrscheinlich auf nichts anderes als seine europäischen Vorbilder; als Horacio Quiroga seine *Desterrados* (1926)[8] mit unauslöschlichem Leben erfüllte, sah er sich ausser Misiones oder seinem Geburtsland Uruguay keinem anderen amerikanischen Land verbunden. Aber 1964, als Sebastián Salazar Bondy *Lima la horrible* (Das schreckliche Lima) schrieb, hielt er heimlich Ausschau nach anderen Demystifizierern anderer Arkadien, wahrscheinlich in Mexiko, Santiago oder Montevideo ansässig. In *Gotán* und *Cólera buey* des Argentiniers Juan Gelman spürt man hinter der rauhen Melancholie von Buenos Aires einen Optimismus wie von Havannas Gestaden; und wenn die *Pequeños seres* (Kleine Wesen) des Venezolaners Salvador Garmendia angstbeklommen durch Venezuelas Hauptstadt huschen, mögen sich stellenweise auch die Bewohner anderer Hauptstädte betroffen fühlen. Amerika, *unser Amerika,* vibriert hinter jedem Werk, oftmals wie eine drängende Gegenwart, andere Male wie ein drohender Schatten. Dabei spielt es keine Rolle mehr, ob der Autor in Sâo Paulo lebt oder an der Place des Vosgues, am Fusse der Anden oder in Soho: Gegenwart und Schatten vermögen überallhin zu dringen und bis in die entlegensten Seelenwinkel hinab, wo sich sonst nur noch das gute und das schlechte Gewissen einzunisten pflegt.

Zweifellos hat sich die lateinamerikanische Literatur am Anfang dieses Jahrhunderts Aufgaben von epischem Ausmass gestellt, auf die sie offenkundig nicht vorbereitet war. Und dennoch richtet sie sich irgendwie ein, wenn auch mit allem möglichen Auf und Ab, mit grossen Lücken und handwerklichem Ungenügen. Auf der einen Seite misstraut sie allzu subtilen Problemstellungen oder indirekter Anspielung; die Nachfrage ist zu dringlich, als dass man riskieren möchte, dass die Botschaft zwischen den Metaphern hängen bleibe und nicht zum Empfänger gelange. Auf der andern Seite aber erhalten die herrschenden Gesellschaftsschichten die Unwissenheit des Volkes entschlossen aufrecht, um den wirtschaftlichen Interessen, sowohl ausländischen wie einheimischen, gerecht zu werden. Der Analphabetismus ist eine ideale Basis für diese Politiker und Grossgrundbesitzer, Kreolen und Ausländer, die jede dieser jungen Republiken führen, als sei sie eines ihrer vielen Privatunternehmen. Angesichts einer solch planmässig betriebenen Unwissenheit ist es verständlich, dass der politisch engagierte Künstler seine gesellschaftliche Anklage in direkter Weise zum Ausdruck zu bringen versucht. Das Resultat jedoch ist künstlerisch nicht ganz befriedigend. Die politisch streitbare Dichtung und Erzählung der 20er und 30er Jahre, auch wenn sie von den besten Absichten getragen war, verkam zu einem Schematismus, der auch vom politischen Standpunkt aus kontraproduktiv wurde. Die Anklage wurde vielfach oberflächlich, war oft nurmehr hysterisches Gezeter.

Bezeichnend für die damalige undurchdachte Leichtfertigkeit wurde die indizenistische Literatur. Auch die lobenswerte Absicht der Erzähler vermochte nicht zu verhindern, dass der Indio als ein stummes und bedenkenswertes Opfer mit ebenso paternalistischem wie verständnislosem Blick betrachtet wurde; man liess es bei einer zustimmenden Gestik bewenden und drang kaum jemals tiefer. So wird der Indio von aussen und von oben her angegangen. Eine Lösung seiner Problematik wird nicht als wirtschaftlich-gesellschaftliche Aufgabe erkannt, sondern als einfache karitative Frage gesehen. Auch wohlmeinende Schriftsteller wie der Ecuatorianer Jorge Icaza oder der Bolivianer Jesús Lara nähern sich dem Indio in gleicher Weise wie der menschlich gesinnte Gutsherr seinen Mägden und Knechten — mit Wohlwollen und vorbeugender Distanz, nie aber mit der Eindringlichkeit und der Tiefe, die eine literarische Figur erfordert, um wirklich lebendig zu werden.

Ciro Alegría gelang dann in *El mundo es ancho y ajeno*

(1940) [9] wenigstens eine Indio-Figur mit Fleisch und Blut auszustatten: den Bürgermeister Rosendo Maqui. Zu einer regelrechten Auferstehung des Indios als Person und als Thema kommt es jedoch erst bei Juan Rulfo und José María Arguedas. In den Erzählungen *El llano en llamas* (1953) [10] oder im Roman *Los ríos profundos* (1959) [11] sind Indios und Mestizen keine Marionetten mehr, sondern menschliche Wesen. Der Manichäismus weicht einem psychologischen Ausloten. Das politisch entscheidende soziale Problem verlässt den Schematismus der Lehrbücher, die Person bekommt Luft in die Lungen, das Blut kann zirkulieren, individuelles Erleben entsteht.

Das Thema Arbeiter entwickelt sich nicht in gleicher Weise wie das Indio-Thema. Angefangen bei *Camarada* (Genosse) von Humberto Salvador, und *Tungsteno* (1931) [12] von César Vallejo (dem lyrischen Werk des Peruaners um vieles unterlegen) bis *Los albañiles* (Die Maurer) des unerschrockenen Vicente Leñero zieht sich ein langer Prozess von Annäherungen und Abweichungen, die über den sozialistischen Realismus eines Alfredo Gravina und die explosive Empörung eines Volodia Teitelboim hinausführt. Aber schon bei Leñero ist der Arbeiter kein Thema mehr (nicht einmal mehr ein Problem), sondern nur noch Vorwand. Der mexikanische Verfasser von *Los albañiles* erläutert in seinem Roman die berühmte Standortfrage, aber er tut es in einer Weise, dass er nur gerade die Oberfläche streift, die Äusserlichkeiten notiert (gerade so, als ob es um die äussere Erscheinung von Leuten ginge), dabei müsste er gerade in dieser Frage auf vielschichtige Realität zurückgreifen.

Themen wie der Indio, der Bauer, der Arbeiter entspringen zweifellos einer Realität, aber sie wurden aufgenommen, als diese Realität noch nicht ausreichend untersucht war. Die wirklichen Indios, Arbeiter, Bauern, die den literarischen Indios, Arbeitern und Bauern zur Vorlage dienten, sind fast immer Unterworfene, Unterdrückte. Zweifellos sind auch heute diese Konflikte noch nicht in voller Schärfe zum Ausbruch gekommen, oder wenn, dann nur von regionaler Bedeutung. In der Folge durchlebt Lateinamerika heute einen letzten Abschnitt eines bedingten und sehr brüchigen Friedens, eines Friedens, der ganz offenkundig auf der Ungerechtigkeit gründet.

Wenn immer Dichter, Erzähler, Dramaturgen es wagten, eine solche Sachlage aufzuzeigen, ohne dass die notwendige Rebellion schon im Gange war, blieb das Echo gering, was auch damit zusammenhängen kann, dass sie in einem historischen Vorfeld des Ausbruchs, der ausbrechenden Widersprüche, der wirklichen Zusammenstösse, schrieben. Und vielleicht konnten sie sich aus demselben Grunde auch erlauben, schematisch zu bleiben (und wir sind erst heute in der Lage, dies überhaupt einzuschätzen).

In den letzten Jahrzehnten und besonders im eben vergangenen verwandelte sich das Thema dann allmählich zum Problem. Wenn die Bergarbeiter erst einmal zur entscheidenden Kraft einer Revolution werden (der später niedergeschlagene Aufstand in Bolivien 1952); wenn die kubanischen Landarbeiter zur Zeit der Kämpfe in der Sierra Maestra die Partisanen schützen und allmählich deren Reihen auffüllen; wenn im brasilianischen Nordosten die Hungerleidenden und Enteigneten in einem verzweifelten Überlebensversuch die Latifundien stürmen; wenn in mehreren Hauptstädten die Widersprüche auf verschiedene Arten mit bewaffnetem Kampf ausgetragen werden; wenn die Studenten (die in der lateinamerikanischen Literatur als Figuren praktisch nicht vorkommen) in Sâo Paulo, Mexiko, Santiago, Lima, Buenos Aires auf die Strasse gehen; wenn in Montevideo neben blutigen Studentenunruhen auch eine neue Form von Stadtguerilla entsteht; wenn im Zentrum der Unterentwicklung selbst Prister und breite Kreise der christlichen Jugend entschieden zu protestieren anfangen — wenn das alles einmal im Gange ist, bedeutet das, dass ein ganzer Kontinent sich aufbäumt, wie es auch in anderen Gegenden der Welt geschieht. Die Realität ist dann nicht mehr einfach ein weitgefächertes, malerisches Panorama verschiedener politischer Schattierungen und Schichten in ungerechtem, unausgewogenem Nebeneinander. Die Realität wird dann zum ausbrechenden Vulkan.

Als paradoxe Folge davon lässt die Auseinandersetzung mit einem solchen Umfeld keine Literatur monolithischer Sentenzen und oberflächlicher Schwarzweissmalerei mehr

zu. Zwar fühlt sich nicht jeder Schriftsteller gleichermassen aufgerufen oder geht auf die Herausforderung ein, aber wenn er es tut, weiss er im voraus, dass er nicht schematisch bleiben kann. Der Abstand zwischen den Figuren der ersten, noch von Chateaubriand beeinflussten indianistischen Romane und den Dschungel-Kapiteln im *Hijo de hombre* (1960) [13] oder *La casa verde* (1966) [14] ist wahrhaft erschütternd, ebenso zwischen zwei argentinischen Grossstadtromanen wie *La bahia del silencio* (Die Bucht des Schweigens), der 1940 publiziert wurde und dem 23 Jahre später erschienenen *Rayuela* [15].
Der Leser selbst ist jetzt nicht mehr äusserlicher, fremder Faktor, Randfigur der Literatur, sondern selber Thema geworden; er erkennt sich selber im Werk, fühlt sich als Mitwirkender und manchmal solidarisch Mitfühlender. Als die "Leser" noch eine beschränkte Elite darstellten, übte das soziale Umfeld noch keinerlei Einfluss auf die Literatur aus; als die Leserschaft aber anfing, tausende von hungrigen Konsumenten zu umfassen, gewann sie auf den Schriftsteller und seine Arbeit tatsächlich Einfluss (im besten Sinne des Wortes).
Wenn gesellschaftliche Realität in irgendeiner Weise eingreift ins Leben des einzelnen, verwandelt sich auch das literarische Individuum, die Figur, nach und nach in ein gesellschaftliches Wesen, mitunter sogar gegen den eigenen Autor. Natürlich werden solche Einflüsse gegenseitig ausgeübt, denn wenn die Figur einmal soziale Gestalt annimmt, wirkt diese Gestalt früher oder später (sofern in künstlerischer Hinsicht keine Konzessionen gemacht werden) auch aufs Umfeld zurück.
Die Thematik ihrerseits hat sich gewandelt in erkennbare (und nicht immer bewusste) Absicht, auf lateinamerikanischen Territorien Wurzeln zu schlagen, auch dort, wo die Orte erfunden sind wie etwa Rulfos *Comala,* Onettis *Santa Maria,* das *Macondo* von García Márquez oder (um ein jüngeres Beispiel zu nennen) das fantasmagorische *Sabanas* von Pablo Armando Fernández. Man kann diese Versuche, sich eine persönliche Geographie zu erschaffen, als eine geheime, fast hintergründige Geste verstehen, den Versuch, einen lokal beschränkten Ort gewissermassen zu

lateinamerikanisieren. *Santa Maria* zum Beispiel ist ganz offenkundig weder uruguayisch noch argentinisch, sondern vielmehr eine Summe von zumindest rioplatensischen Indizien. Ebenso ist jenes *Macondo* kolumbianischer Machart letztlich ein Glücksfall, eine grosse (und zugleich bescheidene) Drehscheibe Lateinamerikas, worauf García Márquez einen nicht minder kontinentalen Gemütszustand installiert, und dies dank einer fröhlichen vielgestaltigen Metapher. In dem erstaunlichen Guimarâes Rosa hat dieses *Macondo* einen Nachfahren, nämlich in dessen selbsterfundener, äquidistanten Sprache; man könnte auch sagen einer Art chiffrierter Durchschnittssprache.

Es bleibt noch die merkwürdige Tatsache festzuhalten, dass gegenwärtig lateinamerikanische Autoren in Europa leben und ihren Blick gebannt auf unsere Gegenden richten, sowie es früher erstrangige Autoren gab, die, obwohl sie von Lateinamerika aus schrieben, eine Literatur fremder Länder herstellten — ich erinnere an *La gloria de Don Ramiro* (1908, Der Ruhm des Don Ramiro) von Enrique Larreta und *El embrujo de Sevilla* (Der Hexer von Sevilla) von Carlos Reyles, an einen guten Teil der Erzählungen von Borges und vieles aus dem "griechischen" Theater, dem sich in den Vierzigerjahren einige lateinamerikanische Dramatiker mit Leidenschaft zuwandten. Der Beispiele sind nicht wenige: Miguel Angel Asturias, Octavio Paz, Julio Cortázar, Carlos Fuentes, Jorge Enrique Adoum, Gabriel García Márquez, Mario Vargas Llosa, José Donoso, César Fernández Moreno, Claribel Alegría, Antonio Cisneros [16] (und sogar Guillermo Cabrera Infante und Severo Sarduy) schreiben — manchmal fast wie besessen — über Länder, in denen sie (aus sicherlich sehr verschiedenen und oft gegensätzlichen Gründen) nicht mehr leben. Aber selbst im Fall von *Rayuela,* dessen erster Teil sich in Paris abspielt, erscheint dieses Paris mit den Augen, Ohren und Sinnen eines Argentiniers wahrgenommen, so durch und durch "porteño" [17], dass er alles, was ihm zu Ohren kommt, jedes Wort, das ihn reizt, sofort argentinisch einfärbt.

4. *Landschaften und Personen*

Ebenfalls verändert haben sich in der Literatur die Beziehungen zwischen Individuum und Landschaften. In dem Masse, wie das Individuum vielleicht nicht gerade gesellschaftliches Bewusstsein, aber immerhin gesellschaftliche Gestalt annimmt (in dem Masse auch, wie die Gesellschaft im Leben des einzelnen Bedeutung gewinnt und darauf einwirkt), verhält es sich der Natur gegenüber nicht mehr nur bewundernd und unterwürfig. Oder anders gesagt: Die Landschaft bleibt sich gleich, aber die Einstellung dazu hat sich geändert. Und wenn die Einstellung sich verändert, folgt die Landschaft diesem Druck mindestens dialektisch, indem sie ihrerseits dynamisch wird, ohne dabei jedoch die Figur zu dominieren.

Es ist jedenfalls interessant zu sehen, wie in einem Roman wie etwa *La vorágine* (1928) [18] der Dschungel in der erzählerischen Dimension weit wichtiger erscheint als in *Hijo de hombre* oder in *La casa verde.* In der geographischen Realität dürften peruansiche und paraguayische Dschungel wohl ebenso wild und undurchdringlich sein wie die kolumbischen; in der Realität des Erzählers jedoch stellen sie sich verschieden dar. In Riveras Werk ist der Dschungel eine barbarische, stumpfsinnige Zusammenballung, die sich an den Menschen rächt und die Figur verschlingt. Bei Roa Bastos und Vargas Llosa zieht sich der Dschungel zurück und überlässt die erzählerisch vorherrschende Stellung der Figur. In den letzten Abschnitten des Romans des Peruaners bleibt eine Person wie Fushia, auch nachdem er vollständig heruntergekommen, ruiniert, physisch und psychisch lädiert ist, ohne Zweifel immer viel wichtiger als die Natur, die dann sein letzter Zufluchtsort wird, der letzte Ort, der ihn noch aufnimmt, ihn erträgt. Die äussere Kraft, die in *La vorágine* durchbricht, gehört der tragischen Dimension der Natur an, einer Landschaft, die vor allen Dingen bedrückend ist; die innere Kraft, die *La casa verde* oder *Hijo de hombre* ausstrahlen, wirkt zutiefst menschlich und durchdringt zuerst das Dickicht des Unbewussten, bevor sie sich mit der Landschaft, wie mit einer Projektionswand im Hintergrund, auseinandersetzt.

In Borges' Erzählungen tritt die Natur praktisch überhaupt nicht in Erscheinung, obschon mehrere in der Provinz spielen. Hingegen erscheint sie bei Alejo Carpentier, ganz besonders in *Los pasos perdidos* (1953) [19] wie eine barocke Beschreibung der psychologischen Flora und Fauna des Protagonisten und keineswegs wie der bei den Romantikern so beliebte "Seelenspiegel". Bei Rulfo ist die Landschaft in der Phantasie gegenwärtig. Der Leser hat den Eindruck, sie existiere, auch wenn von ihr nicht die Rede ist; nur selten dürfte er Gelegenheit haben, sich eine Umgebung derart ausgeplündert vorzustellen — und dennoch dermassen unentbehrlich. Juan Carlos Onetti dagegen erinnert sich nur selten der Landschaft; im einzigen Roman, wo er es trotzdem tut, in *Los adioses* [20], in einer vagen touristischen Umgebung handelnd, wird offenkundig, dass er es selbst unter diesen günstigen Umständen fast immer vorzieht, ihr den Rücken zu kehren. Bei Gabriel García Márquez tritt Natur nur in vereinzelten Fällen in Erscheinung und auch dann meist nur einem zufälligen Zusammentreffen gehorchend. Dann allerdings kann sie sich auch in monströses Wundergeschehen verwandeln, in unaufhaltsames Überborden, in einen Regen, der vier Jahre, elf Monate und zwei Tage lang anhält.

Auch aus der lyrischen Dichtung zieht sich die Landschaft immer mehr zurück. Um zu diesem Schluss zu kommen, muss man nicht erst die moralisierende, virgilsche Landschaft des Andrés Bello vergleichen mit der kargen Natur, wie sie Ernesto Cardenal vom Trapistenkloster in Gethsemane aus festhält. Es genügt, die mehr oder weniger ernsthaften, mehr oder weniger rhetorischen Anspielungen der Jahrhundertwende-Dichter auf ihre natürliche Umgebung in Erinnerung zu rufen, um die Sparsamkeit, mit der moderne Dichter die Landschaft behandeln, schon als subversiven ästhetischen Akt zu empfinden. Die wortreiche Landschaft eines Othón, die lärmig-malerische eines Zorrilla de San Martín oder die empfindsame Version eines Heredia stehen uns heute ferner als Homer. Ein Vermächtnis allerdings, und von bemerkenswerter Dauerhaftigkeit, bleibt uns dennoch: Pablo Neruda. Aber der neuen Dichtergeneration deutet der Ansatz Nerudas (dem sie übrigens mühelos ein überragendes Können bescheinigen) in eine Richtung, die ihnen wenig zusagt, nichts bringt. Landschaft in den Augen dieser neuen Dichter ist so sparsam gesetzt, so ausgesprochen kostbar, dass der Kritiker sein Gedächtnis wie eine Zitrone auspressen muss, um diesen schmalen Bändchen das eine oder andere schwächliche Bäumchen zu entreissen, oder etwa eine ungastliche Talschaft.

Dieses Entfallen der Landschaft aus der lateinamerikanischen Dichtung und Prosa findet seine ebenso offenkundige wie tiefreichende Erklärung vielleicht in der Inthronisierung der Person; offenkundig deshalb, weil jetzt der Mensch die Literatur beherrscht und der Metapher sein Gesetz diktiert, während die Landschaft sich in seine Dienste stellt; tiefreichend auch, weil man darin einen politischen Zusammenhang, ein gesellschaftliches Symbol sehen kann.

Insbesondere für den Indio, den Bauer, und ganz allgemein für die Mehrzahl der Lateinamerikaner, die zu einem Bewusstsein ihres Schicksals gelangt sind, ist Landschaft gleichbedeutend mit Macht geworden. Macht, die direkt oder indirekt diesen Kontinent wirtschaftlich und politisch unterjochte und noch immer unterjocht. Landschaft, das bedeutet in Lateinamerika Latifundio (Grossgrundbesitz), Bergwerke, Erdölbohrlöcher, Faktoreien. Bedeutet schlussendlich auch Tributzahlung, Ausbeutung und Raub. Man kann hier leicht Ciro Alegría abwandeln und sagen: Es ist eine grosse fremde Landschaft und vor allem eine fremde.

Als in der neueren lateinamerikanischen Literatur die Natur durch die Person aus ihrer Vorzugsstellung im erzählerischen Zusammenhang vertrieben wurde, mochte dies unter anderem auch eine, vielleicht etwas ungewöhnliche Art sein, zu betonen, dass dieser Mensch des lateinamerikanischen Teils der Dritten Welt sich aufzulehnen begann gegen eine Leidenschaft, die gewissermassen ungewollt Rückhalt bot für Willkür, Unrecht, unmenschliche und despotische Behandlung. Für den durchschnittlichen Lateinamerikaner (und für seinen Sprecher, den Schriftsteller) ist Landschaft immer eine unerreichbare Sache, etwas, das anderen gehört. Er will ein Stück Land, auf das er seinen Fuss setzen kann, das er mit seinen eigenen Händen umgraben, worin er seine Zukunft säen kann. Lateinamerika steht kurz davor, zum Schluss zu kommen, dass es seine Landschaft in eine menschliche Geographie und in soziale Gerechtigkeit verwandeln muss; und genau diese Operation treiben — bewusst oder auch unbewusst — die Schriftsteller mit voran.

Auch die Grossstadt-Landschaft füllt sich zunehmend mit gesellschaftlicher Bedeutung. Zu diesem Punkt gibt es eine entscheidende Instanz, nämlich *El acoso* (1956)[21] von Alejo Carpentier. Verglichen mit dem Gesamtwerk dieses bekannten kubanischen Schriftstellers ist dieses Buch vielleicht nicht auf der Höhe von *Los pasos perdidos* oder *El siglo de las luces* (1962)[22]. Aber innerhalb der Entwicklung dieser Gattung in Lateinamerika ist *El acoso* sozusagen der Startpunkt einer neuen Dimension von Grossstadtroman. Diese Auffassung mag gewagt erscheinen, wenn man bedenkt, dass Grossstadtromane auch vor 1956 erschienen sind und zwar von Miguel Angel Asturias, Manuel Rojas, Eduardo Mallea, Leopoldo Marechal, Juan Carlos Onetti, Ernesto Sábato, Adolfo Bioy Casares; und es lassen sich zweifellos auffällige Wellenschläge zwischen ih-

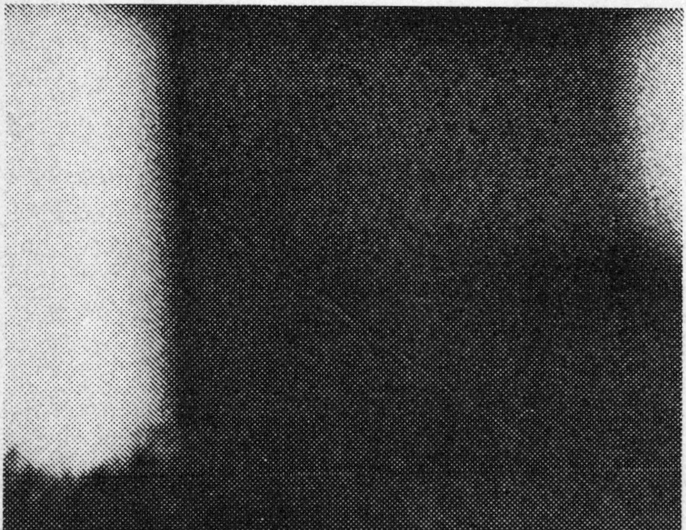

nen feststellen, die vom satten, überbordenden Wortreichtum von *El señor Presidente* (1946)[23] bis zur düsteren Einbildungskraft in Rojas *Hijo de ladrón* (1951, Sohn eines Diebes) reichen; von einer pedantischen, kleinbürgerlichen Weltschau in *La bahía del silencio* bis zum gewundenen und doch so überzeugenden Itinerarium des Ekels in *La vida breve* (1950)[24] und der prahlerischen Bindungslosigkeit in *El túnel* (1969)[25] bis zum ironischen Delirium von Marechals *Adán Buenosayres* (1948). Aber keinem dieser Autoren, bei all ihren mehr oder weniger grossen Vorzügen, ist es gelungen, das grossstädtische Labyrinth mit solch spannender Anschaulichkeit auszubreiten wie Carpentier. Dazu muss noch erwähnt werden, dass die Struktur, in die der Roman eingebettet ist, zutiefst musikalisch ist. Gerade darin liegt auch das Aussergewöhnliche dieses Werkes, die wirklich grosse Leistung dieses künstlerischen Unternehmens: dass eine so unausweichlich feststehende Struktur dennoch die wundervollste Flexibilität ermöglicht, und dies bis zur Überspanntheit, bis zur Anekdote.

Es handelt sich hier nicht darum, festzustellen, ob *El acoso* besser oder schlechter sei als seine Vorläufer der Gattung Grossstadtromane; er ist einfach anders. Die Stadt wird darin zu einem unaufhörlichen, fieberhaften Sich-Aneinander-Messen von Lebewesen und Objekten. Und mit der Betonlandschaft geschieht annähernd dasselbe wie mit dem Dschungel im Bauernroman: Sie verschwindet zunehmend zugunsten der Personen; sie wird zum Verschwinden gebracht, indem sie versachlicht wird. Die Häuser, die Strassen, die Gebäude sind zumeist einfach Objekte, die das Schicksal der Personen umgeben, es manchmal komplizieren, dann wieder hilfreich unterstützen, immer jedoch vor einem mechanischen Zufall gelenkt sind. Für die Personen kann diese Beliebigkeit der Objektwelt manchmal auch vorteilhaft sein.

Diese einzigartige Erzählung hat sehr wenig zu tun mit jenen anderen, die in den Dreissigerjahren so sehr in Mode kamen und worin die Hauptfigur in proust'scher Erinnerungsmanier, nostalgisch überladen, durch Strassen und Quartiere zieht, hier und dort Anzeichen der Vergangenheit, Bruchstücke von Gefühlen wiedererkennend. *El aco-*

so kündigt gewissermassen den sogenannten "sachlichen Roman" der Fünfzigerjahre an. Auch nimmt er dem "nouveau roman" bereits Ansätze vorweg, ohne allerdings in dessen Rhetorik der Langeweile abzugleiten. Ein Vergleich von *El acoso* mit irgendeinem Roman von Robbe-Grillet und einigen auch von Michel Butor kann durchaus nützlich sein, um zu sehen, wieviel Kraft und Dynamik eine "sächliche" Erzählung haben kann und überdies, wie sehr Romanfiguren durch eine Technik bereichert werden können, die viele französische Autoren später verwendeten, um ihre Figuren ärmer zu machen.

Was bedeutet also dieser Rückgriff auf die Person, das heisst auf den Menschen), in der gegenwärtigen Literatur Lateinamerikas? Wohnen wir etwa einer Renaissance der romantischen, individualistischen oder gar einer heroisierenden Auffassung im Romanschaffen bei? War nicht *María* von Isaacs über und über mit individuellem Konfliktstoff beladen? Ohne Zweifel ja, aber der Konflikt wurde gewissermassen isoliert. Das Umfeld blieb in vorsichtiger Distanz von den dramatischen Dimensionen der Figur. Der Konflikt war individuell in der strengsten Bedeutung des Wortes, einer Bedeutung, die selbst die Liebe auf eine strenge, gewollte Einheit reduzierte. Wir werden eins, sagt (oder denkt) das zentrale Paar im romantischen Roman irgendeiner Sprache. Nicht nur sein soziales Umfeld, sondern auch die Familie bleiben ausgeklammert von solchen Inseln von Emotionen. Romane mit Frauennamen im Titel (Amalia, María, Cecilia Valdés, Beba, Juana Lucero, Nacha Regules, Lauracha, Doña Bárbara) pflegen den Kern noch stärker einzuschränken, indem sie alles auf eine weibliche Figur konzentrieren und ihr den ganzen erzählerischen Apparat zur Verfügung stellen. Trotz der fast maskulinen Aggressivität und ihrer überwältigenden Erscheinung ist Rómulo Gallegos' *Doña Bárbara* (1929) vielleicht das letzte verspätete Aufflackern dieses schematischen Individualismus, der in der Geschichte des lateinamerikanischen Romans breiten Raum einnimmt.

In einer früheren Periode erging es der erzählenden Literatur ein wenig wie Lots Frau: Indem sie sich zurückwandte, um einen Blick auf die Realität zu werfen, *versteinerte* sie

gewissermassen. Es ist eine Gruppe mit Titeln wie *Tungsteno, Cobre* (Kupfer), *Sub-Terra* (1904)[26] , *Sub-Sole* (Unter Tag), *Mancha de aceite* (Ölflecken), *Metal de diablo* (1946) [27] . In der Epoche eines so wörtlich wie möglich genommenen, strengen Realismus verschwindet die Figur, um sich zu proletarisieren. In der Umgebung besonders des sozialistischen Realismus zerfällt die Welt nicht nur in Gute und Böse, sondern auch in Transparente und Undurchsichtige. Bei Humberto Salvadors Figuren ist zum Beispiel jedes individuelle Problem so sauber eingefächert in gesellschaftliche Realität, dass es paradoxerweise unglaubhaft wird; da vermag äusserer Druck niemals die letzte Schranke des Bewusstseins zu brechen, immer bleibt da noch ein Territorium, manchmal nahe angrenzend beim Tod, wo das Individuum sich verschanzen und sich selber bleiben kann. Das widerspricht nicht dem weiter oben Gesagten (auch wenn es bei oberflächlicher Lektüre abgeleitet werden könnte) betreffend die dringend notwendige Präsenz Lateinamerikas hinter dem Werk jedes seiner Schriftsteller; widerspricht deshalb nicht, weil ich jetzt von äusserem Druck spreche, während die Präsenz unseres Amerika als besorgniserregender Schatten vor allem auf einem inneren Druck beruht, der keine Schranken niederreissen muss, ins Bewusstsein zu dringen, weil er sich nämlich normalerweise eben dort ansiedelt.
In den besten Romanen und Erzählungen, die heute in Lateinamerika geschrieben werden, ist die Person weder ein individualistischer Held — dieses dem Schicksal ausgelieferte Opfer und isolierte Wesen der Romantik — noch ein blosses Rädchen im sozialen Getriebe, diese mehr oder weniger überholte Triebfeder einer kollektiven Wiederauferstehung des Klassenkampfes. Heute ist die literarische Person Individuum und Gesellschaft in einem, ist Teil einer Mehrzahl, ohne deswegen aufzuhören, Einzelperson zu sein. Die Feldwebel im Roman *Hombres de caballo* (Reitertruppen) von David Viñas sind Militärs, aber auch Individuen mit ihren persönlichen Problemen auf dem Buckel, mit ihren Schwächen, Hinterlisten, ihrem Ehrgeiz und ihren Hoffnungen. Der Protagonist in *Pedro Páramo* (1955) [28] ist ein Individuum von ganz besonderer Art, aber

gleichzeitig ist er auch Symbol und als solches fast ein Prototyp, ein gesellschaftlich jedenfalls repräsentativer Mensch.

Auch die zentrale Frage aus *Grande Sertão: Veredas* von Guimarães Rosa ist ein ganz unalltäglicher Mensch, aber auch er ist, so deformiert er sein mag, Spiegel einer Gesellschaft, in der es brodelt, die ständig in Formung begriffen ist und sich selbst deformiert. Ein Extremfall ist vielleicht García Márquez. In *Cien años de soledad* [29] geht der Name einer Person, Aureliano Buendía, durch viele Körper hindurch, über viele Seiten hinweg, über Jahrzehnte ebenso wie über Frauen. García Márquez, dieser fabulierende Individualist, besitzt aber auch genügend Intuition und Genie, um zu begreifen, dass er das Individuum, das er erfunden hat, wenn er es erhalten will, einer Transformation unterziehen muss, die zunächst nur auf der Ebene der Familie stattfindet, dem Wesen nach aber auch sozial, national, schliesslich kontinental ist. Indem er seine Buendía mit dem unüberwindlichen Bedürfnis ausstattet, sich in ihre Nächsten hineinzuprojizieren, befähigt sie ihr Autor, ein ganzes Jahrhundert auszufüllen mit dem Versuch (für sie unglücklich, für die Literatur glücklich verlaufend), ein für allemal die Einsamkeit, diese unerbittliche Folter, zu überwinden. Bemerkenswert ist auch, dass dieser vielleicht individualistischste Roman, der in Lateinamerika je geschrieben wurde (nicht einmal *Rayuela* kommt an diesen rücksichtslos isolierten Ansatz heran), eben zu diesem Glücksfall von Allerweltsphantasie werden konnte, eine indirekte Gesellschafts-Allegorie für unsere ganze Welt der Unterentwicklung, ein Gleichnis für das Nebeneinander von sprachlosen Staunen, Elend und Verwegenheit.

Mit anderen Worten: Jetzt, wo die erzählende Literatur Lateinamerikas die Person wieder ins Zentrum rückt, wird deutlich, dass sie nicht die gleiche ist, die uns Quiroga, Machado de Assis, Gallegos hinterlassen haben, dass sie nicht einmal jenen von Asturias, Borges oder Mallea gleicht. Nein, die Person hat sich verändert, und zwar im gleichen Masse, wie dieses Amerika sich gewandelt hat. In den Erzählungen von Manuel Rojas, Julio Cortázar, José González Vera, Ernesto Sábato, Mario Vargas Llosa, José María

Arguedas, Edmundo Desnoes, Carlos Martínez Moreno, Salvador Garmendia, Oscar Collazos ist die Figur bereits eine mehr oder weniger unvollkommene, zweifelhafte, widersprüchliche Erscheinung, wie es einer Welt entsprechen mag, die ständig kurz vor dem Explodieren zu stehen scheint. Das gleiche trifft ohne Zweifel auch auf die Figuren José Lezama Limas zu, dessen einziger Roman, *Paradiso* (1974)[30], trotz seines erinnerungsschweren und schweratmenden Rythmus' ebenfalls fast verstohlen dafür sorgt, dass gewisse falsche Ausgewogenheiten ethischer und sozialer Natur in Frage gestellt werden.
Die Roman-Figur hat sich gewandelt, und der bemerkenswerteste Wandel liegt vielleicht darin, dass die Gesellschaft nicht mehr ausserhalb, sondern auch in der Figur selber sichtbar wird. Und dies ist der offenkundigste Unterschied zwischen Autoren wie Jorge Icaza und José María Arguedas, oder zwischen den Werken eines Eduardo Mallea und eines David Viñas, eines Rómulo Gallegos und eines Garmendia.

5. Der eigene Lebensraum ist nicht die Welt

Eines der dornenreichsten Probleme der lateinamerikanischen Literatur hat mit der eigenen Art des sprachlichen Ausdrucks zu tun und ruft wahrscheinlich am meisten Widerstände von Seiten der europäischen Kritiker hervor; diese gehen im allgemeinen mit einem ausschliesslich literarischen Interesse an diese Werke heran und verkennen meist die gesellschaftlichen, politischen und kulturellen Faktoren, die unsere künstlerischen Schöpfungen bedingen. Diesbezüglich hörte ich vor kurzem eine sehr scharfsinnige Bemerkung von Alejo Carpentier anlässlich eines Vortrages über lateinamerikanische Literatur. Der kubanische Schriftsteller erinnerte daran, wie Paul Claudel in der Regieanweisung zu einem seiner Theaterstücke anmerkt, es handle sich um eine Küche im Stile Brueghels. Carpentier gab zu bedenken, dass ein lateinamerikanischer Dramatiker in einem ähnlichen Fall sich eine Beschreibung nicht ersparen könnte, denn es gibt für ihn keine allgemeine Verständigung auf der exklusiven Grundlage eines kulturellen Vorläufers. Wenn er eine Küche beschreiben und eine lebensnahe Sicht davon vermitteln wollte, müsste er im Detail alle ihre Pfannen, Töpfe, Schöpfkellen und so weiter beschreiben, einfach weil kein kulturelles Element da wäre, um eine solche Beschreibung zusammenzufassen oder überflüssig zu machen. Carpentier fand dann in dieser Verpflichtung des Künstlers eine gelegene Rechtfertigung für die bekannte Neigung vieler lateinamerikanischer Schriftsteller zu barocker Weitschweifigkeit, und ich glaube, dass er damit nicht so unrecht hat.

Der Künstler geht praktisch von Null aus. Unsere Tradition ist noch sehr jung. Alles ist praktisch gerade gestern geschehen, und wir können somit Geschehnisse des Vorabends nicht einfach abrufen wie unumstössliche Archetypen, ein für allemal festgesetzte Werte. Während der europäische Schriftsteller sich auf eine breite, gesicherte Hinterlassenschaft stützen kann, sachgemäss etikettiert, analysiert und in eleganten Vitrinen dargeboten, während er also über die besten Bedingungen verfügt, um summarisch (aber ausreichend) darauf Bezug zu nehmen, befindet sich sein lateinamerikanischer Kollege umgekehrt mitten im vollen Erstellungsprozess einer solchen Hinterlassenschaft. Er kann von seinem Leser kein Wissen verlangen, über das er selber nicht einmal sicher verfügt. Dem europäischen Leser werden die Ergebnisse mehrerer miteinander verknüpfter Untersuchungen vorgelegt; der lateinamerikanische Schriftsteller dagegen fordert seine Leser auf, sich an den Untersuchungen mit ihm zusammen selber zu beteiligen, sich in Teilnehmer und Teilhaber zu verwandeln, in eine solidarische Körperschaft. Es entgeht mir allerdings nicht, dass hinter der barocken Neigung der erzählenden Literatur Lateinamerikas nicht nur die Mühe des Beschreibens steckt, sondern auch ein durchaus legitimer Genuss am Wort, an Sprache (in erster Linie bei Carpentier selbst, dann auch bei Romanschriftstellern wie Agustín Yáñez, Carlos Fuentes, Guimarâes Rosa).

Natürlich bringt die Notwendigkeit des eingehenden Beschreibens noch andere, damit verwandte Erfordernisse mit sich. Eine nicht zu unterschätzende ist die, dass der

Weg zum Universalen fast zwangsläufig übers Regionale führt; oder wie es anderswo auch schon gesagt wurde: Man muss den eigenen Lebensraum durchqueren, um zur Welt zu gelangen. Für den europäischen Schriftsteller fällt eigener Lebensraum und Welt oftmals zusammen und eine Unterscheidung wird bedeutungslos. Für einen französischen oder englischen Schriftsteller bedeutet Welt im allgemeinen Frankreich oder Grossbritannien (oder noch einfacher Paris oder London). Das ist eine unvermeidliche Kurzsichtigkeit der Metropolen. Im Unterschied dazu weiss der lateinamerikanische Schriftsteller, dass sein Lebensraum nicht die Welt ist. Ich spreche hier nicht von den lateinamerikanischen Schriftstellern, die sich selbst kolonisieren und fähig sind, sich für Europäer zu halten, die glauben, dass London oder Paris die Welt sei. Ich denke vielmehr an den Schriftsteller, der sich seiner Marginalität in bezug auf die grossen Kulturmärkte bewusst ist; und ob zu Recht oder zu Unrecht, Tatsache jedenfalls bleibt, dass heute die Mehrheit der lateinamerikanischen Schriftsteller ihre Region akzeptieren, wohlwissend, dass sie stets ein Hindernis sein wird, um andere Leserschichten, andere Milieus zu erreichen. Natürlich gibt es immer auch Schriftsteller (und mitunter solche ersten Ranges), die es vorziehen, auf ihren Lebensraum zu verzichten und direkt ins Universale vorzudringen. Dies ist der Fall bei Jorge Luis Borges, der in Europa vielleicht der bekannteste lateinamerikanische Schriftsteller ist. Dabei steht Borges' hohe literarische Qualität nicht zur Diskussion, seine Sprachbeherrschung und seine Fähigkeit, Literatur in Metaphysik zu verwandeln und umgekehrt. Ich glaube allerdings, dass ob dieser "Summe von Missverständnissen", die laut Rilke den Ruhm ausmachen, eines leicht unterschätzt werden könnte, nämlich die unverkennbar europäischen Voraussetzungen von Borges' Welt, seine Art, diese zu ordnen, zum Ausdruck zu bringen und seiner Fähigkeit, sie zu rechtfertigen oder ad absurdum zu führen.

Es soll hier nicht verschwiegen werden, dass Borges sporadisch auf seine Region Bezug nimmt, aber solche Bezüge tauchen in Wahrheit nur als Vorwände auf. Jede einzelne seiner argentinischen Figuren ist (um es in der Sprache zu sagen, die Borges am meisten schätzt) "the wrong man in the wrong place", weil sie schon aus einem europäischen Blickwinkel (und was entscheidender ist: aus europäischem Empfinden heraus) konzipiert wird.

An dieser Stelle ist eine Unterscheidung fällig: Von der Region *ausgehen* meint nicht eine regionalistische Literatur schaffen. Diese Gattung hat in fast allen Ländern Lateinamerikas ihre Karriere hinter sich und man kann heute sagen, dass sie überwunden ist und ihren sicherlich wohlverdienten Platz nur noch in literaturgeschichtlichen Werken und Handbüchern einnehmen wird. Von der Region ausgehen, um sich literarischer Kreation zuzuwenden, meint nicht Verneigung vor Dialektspielarten, Folkloristik und historischen Monumenten einer bestimmten Gegend. Von der Region ausgehen bedeutet, sie vom Standpunkt eines Menschenwesens her anzuerkennen, in sich aufzunehmen, wie es zu ihrer Zeit José Martí, Horacio Quiroga, Gabriela Mistral taten, und wie es heute Juan Rulfo, Ernesto Cardenal, Augusto Céspedes, José María Arguedas, Augusto Roa Bastos tun. Es bedeutet zugleich auch: die Welt betrachten, die Welt verstehen, sie leben, erleiden und geniessen — nicht mit der Unverbindlichkeit der Entwurzelten, sondern mit dem Blick derer, die mit beiden Füssen auf *einem* Boden stehen, voller Betroffenheit, Unbestechlichkeit und Phantasie. Wissen, wohin man gehört, ist keine Aufforderung, an diesem Ort auch zu leben, aber es erleichtert ungemein das Verständnis für andere, die irgendwo anders leben. Die lateinamerikanischen Schriftsteller, mit einigen sehr offenkundigen Ausnahmen, wissen heute, dass sie einem Kontinent angehören, der hoffnungslos der Hoffnung ausgeliefert ist; einer Ansammlung von Provinzen, die unlösbar miteinander verbunden sind, nicht allein durch die Ähnlichkeit ihrer Sprachen, sondern auch durch die Unterentwicklung, den Analphabetismus und die allgemeine Misere.

6. Das Wort — dieses neue Refugium

Als Schlussfolgerung möchte ich eine Besorgnis äussern, die mir berechtigt erscheint. Die lateinamerikanischen

Schriftsteller sind in den letzten Jahren in den Gattungen Poesie und vor allem auch in Roman und Erzählung zu einer wahren Avantgarde geworden. Mit Ausnahme der deutschen Literatur, die in der Nachkriegszeit mit Glanz und offenkundiger künstlerischer Qualität aufwartete, gibt es in der modernen europäischen Literatur (und ich beziehe mich hier auf echte Qualität, nicht auf das, was die Schmeichelkritik fabriziert, und noch weniger natürlich auf das Angebot der Verrisskritiker) nicht viele Namen, die sich wirklich mit den grossen Autoren Lateinamerikas vergleichen liessen. Diese hervorragende Stellung der lateinamerikanischen Literatur hat zweifellos noch nicht einmal andeutungsweise das ihr gebührende Echo gefunden. Die europäische Literaturkritik misst lateinamerikanische Schriftsteller weiterhin mit europäischer Elle.

Heisst das für die lateinamerikanische Literatur, dass sie sich im Zeitpunkt ihrer höchsten Blüte dem Kanon einer Literatur, die zwar eine beträchtliche Tradition hat, heute jedoch eine Periode der Ermüdung und der Krise durchläuft, gehorsam unterwerfen soll? Lässt sich zum Beispiel ein Roman wie *Cien años de soledad* mit den Massstäben des "nouveau roman" messen, dessen schöpferischer Impuls heute mehr oder weniger versandet scheint? Können wir die strukturalistische Kritik als unwiderrufliche Urteilsinstanz auch für *unsere* Literatur betrachten? Müssten wir nicht im Gegenteil zusammen mit unseren Dichtern und Schriftstellern unseren eigenen kritischen Ansatz herausbilden, unsere eigenen Untersuchungsmethoden, unsere eigenen Wertmassstäbe mit besonderer Unterteilung schaffen, die sich aus unseren Bedingungen, unseren Erfordernissen und unseren Interessen ergeben? Natürlich sind nicht die europäischen Kritiker und Essayisten schuld daran, dass ein schöner Teil der lateinamerikanischen Kritiker, besonders gewisse Journalisten, sich einfach unterwerfen und die durchaus seriösen Arbeiten von europäischen Linguisten und anderen Wissenschaftlern unbesehen übernehmen wie mangelhaft übersetzte Kochrezepte, wie Formeln, die eindeutig nicht verstanden worden sind. Die Gefahr besteht nicht darin, dass die Europäer sich in der Einschätzung der Lateinamerikaner irren; das ist ohnehin bereits geschehen — mit Darío, mit Vallejo (um nur zwei der berühmtesten Unterlassungen zu erwähnen), und letztlich hatte es nicht allzuviel Bedeutung. Die Gefahr besteht vielmehr darin, dass die jungen lateinamerikanischen Autoren anfangen, die gleiche selbstkolonisierende Einstellung zu entwickeln, wie sie in unseren Ländern einige literarische Kommentaristen pflegen, und dass sie in irgendeiner Weise versuchen könnten, ihre Arbeit anzupassen an das, was solche Zwischenträger unter europäischen Ansprüchen verstehen. Glücklicherweise ist dies noch nicht häufig der Fall, dennoch machen einige Werke jüngerer Autoren den Eindruck, dass sie in Wahrheit mehr mit dem Gedanken an eine mögliche strukturalistische Kritik konzipiert worden sind als an die inneren Notwendigkeiten, die jedem Kunstwerk eigen sind.

Ein möglicherweise kleinliches, aber doch enthüllendes Detail: Auf Literaturmärkten wie Italien, Frankreich, Spanien gilt die Gattung Erzählung als — um es in Marktbegriffen zu sagen — nicht besonders rentabel. Der Widerstand europäischer Verleger gegen die Herausgabe eines Bandes mit Erzählungen, nicht nur überseeischer, auch europäischer Autoren, ist bekannt. In Lateinamerika aber war die Erzählung immer eine Gattung, die besonders gepflegt wurde und infolgedessen eine breite Leserschaft fand. Zumindest in Ländern wie Mexiko, Kuba, Argentinien, Brasilien, Uruguay gibt es ein interessiertes Liebhaberpublikum. Nun hatte aber ganz offenkundig das in den letzten Jahren verbreitete Gerücht, dass in Europa Erzählungen sich schlecht verkaufen, in manchen Gegenden die unglückliche Folge, dass die lateinamerikanische Produktion von Erzählungen zurückging. Autoren, die viele Jahre lang Erzählungen und Romane schrieben, scheinen sich heute für letztere zu entscheiden. Selbst Autoren, die sich früher ausschliesslich und erfolgreich der Erzählung gewidmet hatten, bemühen sich jetzt, zum Roman überzugehen, vielleicht im Glauben, dass dadurch die Vertriebs- und Übersetzungsgelegenheiten zahlreicher wären.

Ich meine nicht, dass wir zugunsten unserer eigenen Einschätzung auf Urteile und Unterstützung aus Europa verzichten sollten. Ich wies schon darauf hin, dass wir in Lateinamerika wissen, dass unsere Provinz nicht die Welt ist; es wäre zudem kurzsichtig und würde uns selber am meisten schaden, wenn wir bestreiten wollten, wieviel wir von europäischer Kultur gelernt haben und noch lernen können. Aber diese Lehrzeit, so wichtig sie sein mag, sollte nicht zum Ersatz genommen werden für eigene Wege und Ansichten, eigene Wertvorstellungen und eigene Richtungen. Wir sind zwar Avantgarde auf mehreren Gebieten, aber im Werten sind wir Epigonen der Europäer geblieben. Wer wollte schon Lévi-Strauss, Michel Foucault oder Roland Barthes die Bedeutung absprechen! Und dennoch sind für unsere Überlegungen, unsere Impulse, für unser kulturelles Überleben schlechthin gewisse Darlegungen von Octavio Paz, David Viñas, Roberto Fernández Retamar, René Depestre, Angel Rama, Antônio Cândido oder Aimée Césair wahrscheinlich wichtiger und entscheidender. Ich will damit nicht sagen, dass sie gründlichere, erleuchtetere oder bedeutsamere Geister seien als die oben erwähnten Europäer, aber eines ist sicher: Sie sprechen die Sprache unserer eigenen Bedürfnisse, sie kennen unsere Schwächen und unsere realen Möglichkeiten. Und dies gilt nicht nur für die Gegenwart. Henríquez Ureña oder Martínez Estrada mögen sich geirrt haben — sie haben sich ohne Zweifel über weite Strecken geirrt — aber sogar so nützen sie uns mehr als Ortega y Gasset mit seinen scharfsinnigen Erörterungen oder Valéry mit seinen erhabenen Gedankenflügen. Ob wir nun die Auffassungen von Octavio Paz und anderen lateinamerikanischen Essayisten teilen oder nicht — ihre Ansichten provozieren etwas in uns, Zustimmung oder Ablehnung, jedenfalls etwas, das unserer kulturellen Entwicklung von Nutzen sein kann; und wenn ich hier von Nutzen spreche, verstehe ich den Ausdruck in unserem Sinne, in unserer Sprache, in unserer Welt. Auch wenn solche lateinamerikanischen Autoren noch oft Europäisches übermitteln, tun sie es doch in einer Haltung, welche die Grenzen kennt und anerkennt.

Europa hat literarische Moden. Manchmal werden sie von Verlegern und publizistischen Mittelsmännern mit Absicht geschaffen, denn die Buchproduktion muss zwangsläufig nach verkaufstechnischen Gesichtspunkten geleitet werden. Auch wenn es in diesem Bereich schockierender wirkt als bei Parfums, Schuhen oder Kugelschreibern, ist es die in jedem Konsummarkt und jeder einzelnen seiner Abteilungen herrschende Praxis. Auch das Buch ist eine Ware und wird als solche propagiert und verkauft.

Die lateinamerikanischen Hauptstädte sind in den letzten Jahren zu wichtigen Buchmärkten geworden, vor allem Buenos Aires, aber auch Mexiko, Santiago, Sao Paulo, Montevideo. (Wenn ich hier Havanna nicht erwähne, so deshalb, weil die literarische Produktion in Kuba nicht nach kommerziellen Richtlinien erfolgt und daher dem lästigen Druck der Werbung nicht unterliegt. Das Buch wird ohne kommerzielle Werbung direkt mit dem Leser konfrontiert, was erstaunlicherweise zur Folge hat, dass der grösste Teil der Titel, die Kuba produziert, in wenigen Tagen jeweils vergriffen ist, obschon die Auflagen beträchtlich höher sind als in anderen Ländern Lateinamerikas mit weit höheren Bevölkerungszahlen.) Auch die lateinamerikanischen Märkte haben ihre Moden, oftmals im Fahrwasser der europäischen. Wenn namhafte französische Kritiker zu insistieren beginnen auf der entscheidenden Wichtigkeit des *Wortes* und auf einer fast totalitären Vorherrschaft der Semantik, tun sie es natürlich nicht in der Absicht, eine neue Mode hervorzurufen, um die notorisch schreckhafte Bourgeoisie einmal mehr in Schrecken zu versetzen; ihre Absicht zielt im Gegenteil auf die Interpretation des Phänomens Literatur und seiner tieferen menschlichen Zusammenhänge, und sie tun dies vorwiegend in der Art und Tradition der Rationalisten, die ihre natürliche Quelle, ihre gewohnte Art zu denken ist.

Wenn dann gewisse literarische Kommentatoren in Lateinamerika solche Abhandlungen zwar bis zur äussersten Hülle (vor allem diese) fussnotengetreu übernehmen, sich aber die Mühe sparen, in die tieferen Motive einer solchen intellektuellen Arbeit einzudringen, werden sie zu leichtfertigen Zwischenträgern, die im Grunde dem, was sie so sehr bewundern, selber untreu werden. Wenn in Europa in einer fast ausschliesslichen Form plötzlich “das Wort” entdeckt wird, kann darin eine im wesentlichen intellektuelle Tätigkeit zum Ausdruck kommen; sich in die tiefsten Bedeutungen des Wortes flüchten ist möglicherweise ein handgreifliches Ergebnis der semantischen Lawine. Aber die gleiche Operation bekommt in Lateinamerika ganz andere Proportionen. In einem unterentwickelten Land, von Hunger und Epidemien geplagt, wo Repression, Korruption und Spekulation nicht folkloristisches Element, sondern erdrückende Alltagswirklichkeit darstellen, bedeutet ein Rückzug aufs Wort, eine Insel zu machen, auf die der Schriftsteller sich zurückziehen und meditieren kann; es wird dann eben auch ein gesellschaftspolitischer Vorschlag. Sich hinter dem Wort, der Sprache verschanzen, bedeutet soviel wie der Realität den Rücken kehren; verbale Stärke wird zu sozialer Schwäche.

Vor zwanzig oder dreissig Jahren bestand diese Flucht darin, dass man über Rehlein und Gazellen schrieb oder die alten Griechen wieder aufwärmte, heute besteht sie vielleicht darin, dass man das Wort zu einer neuen Klause macht, zum klösterlichen Gefilde, zur freiwilligen Abkapselung. Die Gefahr besteht durchaus, gerade weil der lateinamerikanische Schriftsteller sich aufgrund langer Tradition am Wort ergötzen kann; er ist seit eh und je ein verbaler Geniesser und wird es immer sein. Von Rodó bis Asturias, von Darío bis Carpentier, von Neruda bis Cardenal, von Fuentes bis Fernando del Paso hat das Wort immer als Genuss gegolten, für Autor und Leser, und für den einen wie den andern lag immer eine schreckliche Versuchung darin. Die besten modernen Dichter und Erzähler Lateinamerikas sind Leute, die dem Wort eine grundlegende Bedeutung zumessen und es sorgfältig abwägen, bevor sie es ins Spiel bringen. Und dennoch schliesst dieser kultische Umgang mit dem Wort niemanden in die verbale Zelle ein; es ist vielmehr ein Kult, der im Freien zelebriert wird. Das Wort erfährt alle Sorgfalt, die ihm gebührt, aber es bleibt offen für die Realität; es wird von seiner Umgebung beeinflusst und lässt sich darin nieder, auch wenn dieser Einfluss oft deformiert und zerstörerisch wirkt.

Der lateinamerikanische Intellektuelle neigt viel weniger als der Europäer zur rationalistischen Art, die Welt zu betrachten — im guten wie im schlechten; von seinem Temperament her, weil die kulturellen Ebenen verschieden sind, weil seine Umgebung ihn anstachelt; beim lateinamerikanischen Intellektuellen ist so etwas wie eine Nabelschnur vorhanden, die ihn unlöslich mit seiner Intuition verbindet. Manche europäischen Formeln zeitigen, sofern sie auf Autoren der betreffenden Region gemünzt sind, ausgezeichnete Ergebnisse oder verhelfen zumindest zu sehr treffsicheren Beobachtungen. Hingegen haben sie nicht die gleichen Konsequenzen, wenn sie auf lateinamerikanische Probleme, Werke oder Autoren angewendet werden. Denn deren kultureller Werdegang ist im allgemeinen weniger einheitlich, weniger voraussehbar in der Entwicklung, und ihre Begabungen sind voller Überraschungen. Dies sind denn auch die Voraussetzungen, die in Betracht zu ziehen sind von dem, der eines Tages eine kritische Betrachtung dieser faszinierenden Unausgeglichenheit formuliert — nicht (oder wenigstens nicht ausschliesslich) das intelligente, mathematisch zuverlässige, vollkommen exakte Vorbild, das die entwickelte Welt zu bieten hat. Entwicklung ist nicht eine moralische Qualität an sich, auch keine ethische Kategorie; man könnte sogar unterstellen, dass Entwicklung in gewisser Hinsicht die Frucht einer entschieden unmoralischen internationalen Politik sei. Gerade deshalb aber muss die Welt der Unterentwicklung (die zugleich Opfer und Dividende der entwickelten Welt ist), nicht nur ihre eigene Ethik des Aufstands schaffen, ihre eigene Auffassung von Gerechtigkeit, sondern auch eine eigenständige Selbsteinschätzung ihrer eigenen Geschichte — und auch der Abteilung Kunst darin! Sie darf sich nicht länger genötigt sehen, für alle Zeiten die Diagnosen über diese Bereiche und Probleme aus der entwickelten Welt entgegenzunehmen — und würden sie auch von den Spitzenleuten der dortigen Intelligenzia erarbeitet! Ich verstehe durchaus, dass eine solche Arbeit für den lateinamerikanischen Intellektuellen eine harte Ablösungsarbeit bedeutet, von der manch einer befürchten mag, dass sie seine Kräfte übersteige. Trotzdem, wenn man sie verbindet mit einer parallellaufenden kreativen Arbeit, glaube ich, dass ein Versuch der Mühe wert ist — nicht nur auf der Ebene des künstlerischen Schaffens, sondern auch im Bereich der Theorie.

Anmerkungen:

1 *Indigenismus* bezeichnet in Lateinamerika eine literarische Strömung, welche die Indianer ins Zentrum ihrer Werke stellte. Dabei hatten die Indianer zunächst die Rolle des "guten unverbildeten Wilden" zu spielen, während ihre sozialen Bedingungen völlig unterschlagen wurden. Häufig wird auch unterschieden zwischen den Begriffen *Indianismus,* der die romantisierende Spielart des Indianerromans kennzeichnet und *Indigenismus,* der danach die sozial engagierten Indianerromane bezeichnen würde, wie sie etwa nach der Mexikanischen Revolution von 1910 entstanden sind.

2 Gedichte 1958-1967

3 Gedichte 1968-1971

4 Borges ist Argentinier, Césaire stammt von der französischsprachigen Antilleninsel Martinique.

5 Dt.: *Der Grosse Gesang,* Darmstadt 1984

6 Dt.: *Unser Amerika,* in: *Mit Feder und Machete,* Berlin DDR 1974

7 In: *Cantos de vida y esperanza* (1905, Gesänge von Leben und Hoffnung)

8 Dt.: *Auswanderer* (Auswahl), Berlin 1931

9 Dt.: *Die Welt ist gross und fremd,* Frauenfeld 1980

10 Von Juan Rulfo, dt.: *Der Llano in Flammen,* München 1984 (in einem Band mit *Pedro Páramo)*

11 Von José Maria Arguedas, dt.: *Die teifen Flüsse,* Frankfurt/M 1980

12 Dt.: *Wolfram für die Yankees,* Berlin DDR 1961

13 Von Augusto Roa Bastos, dt.: *Menschensohn,* Frankfurt/M 1976

14 Von Mario Vargas Llosa, dt.: *Das grüne Haus,* Frankfurt/M 1980

15 Von Julio Cortázar, dt.: *Rayuela. Himmel und Hölle,* Frankfurt/M 1981

16 Asturias (1974) und Cortázar (1984) sind mittlerweile verstorben.

17 *Porteño,* von puerto (Hafen): für Bewohner einer Hafenstadt. Gebraucht wird das Wort jedoch fast ausschliesslich für die Bewohner von Buenos Aires.

18 Von José Eustasio Rivera, dt.: *Der Strudel,* Halle 1950

19 Dt.: *Die verlorenen Spuren,* Frankfurt/M 1979

20 Dt. in: *So traurig wie sie,* Erzählungen, Frankfurt/M 1981

21 Dt.: *Finale auf Kuba,* München 1960

22 Dt.: *Explosion in der Kathedrale,* Frankfurt/M 1981

23 Von Miguel Anger Asturias, dt.: *Der Herr Präsident,* Zürich 1984 (rotpunktverlag)

24 Von Juan Carlos Onetti, dt.: *Das kurze Leben,* Frankfurt/M 1978

25 Von Ernesto Sábato, dt.: *Maria oder die Geschichte eines Verbrechens,* Wiesbaden 1976

26 Von Baldomero Lillo, in: *Erzählungen aus Chile,* Berlin DDR 1960

27 Von Augusto Céspedes, dt.: *Teufelsmetall,* Bornheim/Merten 1982

28 Dt.: *Pedro Páramo,* München 1984 (in einem Band mit *Der Llano in Flammen)*

29 Dt.: *Hundert Jahre Einsamkeit,* Köln 1970

30 Dt.: *Paradiso,* Frankfurt/M 1979

Über kommunizierende Dichter [1]

Vor bald drei Jahren erhielt ich von *Marcha* [2] den Auftrag für ein Buch mit Reportagen über lateinamerikanische Schriftsteller. Ziel war, aus zwei oder drei meiner Auslandaufenthalte und den damit verbundenen Kontakten, Gesprächen und Diskussionen mit Berufskollegen auf breiter Basis Nutzen zu ziehen.

Anfänglich umfasste das Projekt nicht nur Lyriker, sondern auch Erzähler; allmählich jedoch reifte der Entschluss, sich auf die ersteren zu beschränken. Ich möchte hier klarstellen, dass diese Wahl strenggenommen nicht (oder nicht nur) einer persönlichen Vorliebe entsprang, sondern eher den Zweck einer Wiedergutmachung hatte. Auf dem Büchermarkt wird ja Lyrik, von seltenen Ausnahmen abgesehen, als unrentabel betrachtet. Wenn ein Verleger nach zehn Romanen und soundso vielen Essaybänden auch noch ein schmales Bändchen Lyrik in seinen Katalog aufnimmt, hat das immer beinahe einen Anstrich von Wohltätigkeit.

Dass die lateinamerikanische Erzählung ein hohes Niveau erklommen hat — wer wollte es leugnen! Der "Boom", so sehr er von kommerziellen Markt- und Profitinteressen bestimmt sein mochte, hätte sich nicht ereignen können nur aufgrund mittelmässiger oder nichtssagender Werke von beschränkter Vorstellungskraft und ohne experimentelle Tragweite. Wenn dieser "Boom" nun schon seit etlichen Jahren Kataloge, Schaufenster, Kritiker-Gazetten und selbst *cover-stories* in Manager-Magazinen füllt, verdanken wir dies jedoch in erster Linie der Fündigkeit von Verlagshäusern, vor allem in Grossstädten wie Mexiko und Buenos Aires, die feststellten, dass eine schöne Anzahl von Erzählern, hauptsächlich Romanautoren, vorhanden war, deren künstlerische Aussage hinreichend edle Elemente enthielt (im ästhetischen wie im menschlichen Bereich) und die ausreichend kühn und verbindlich schrieben. Dann, von diesen unleugbar positiven Gegebenheiten ausgehend, zogen sie ihren gigantischen und schon etwas weniger edlen Verkaufsapparat auf.

Eine merkwürdige Tatsache, auf die ich auch andernorts schon hingewiesen habe: Es ist offenkundig, dass auf den Schaumkronen des "Booms" einige verdientermassen angesehene Namen figurieren, aber ebenso sicher hat die

Brandung gewisse zweitrangige Exemplare hochgespült, die sich fremdes Prestige zu eigen machten und ungeheure Anstrengungen unternehmen, um mit der grossen Welle nach oben zu kommen. Wenn ich *zweitrangig* sage, dann meine ich damit selbstverständlich nicht das notwendige (ich möchte fast sagen: unentbehrliche) Potential von Namen ohne besonders hervorstechende oder geniale Merkmale. Denn in jeder brillanten und bewegten Epoche sind auch solche zugegen und erfüllen mit ihrem Mass an Talent, Disziplin und Arbeit in jeder Hinsicht die unauffälligste, aber keineswegs zu unterschätzende Aufgabe, ein Klima zu schaffen, ein Interesse zu wecken und dadurch einen kulturellen Fortschritt zu ermöglichen, der über vereinzelte Vorstösse hinausgeht und den Rahmen möglichst weit spannt. Vielmehr beziehe ich mich auf Schriftsteller mittelmässigen Zuschnitts, die selber wenig oder gar kein Vertrauen in die eigene Arbeit haben, um so mehr aber erfüllt sind von einem grenzenlosen Ehrgeiz, von fast krankhaftem Eifer, ihren Namen in den internationalen Handel einzubringen (einheimisches Prestige befriedigt diese Alpinisten des Ruhms nicht), und die von einer Skruppellosigkeit sind, die unversehens auch in schamlose Bettelei oder einträglichen Verrat umschlagen kann.

Gerechtigkeitshalber muss ich hinzufügen, dass unter den Autoren, die es unterliessen, sich selbst zu propagieren, und deshalb auch im hehrsten Strahlenkranz des "Booms" nicht erschienen, so unentbehrliche Namen stehen wie Rulfo, Guimarâes Rosa, José María Arguedas, Manuel Rojas, Lezama Lima, Leopoldo Marechal, Carpentier, David Viñas, Roa Bastos, Julio Ramón Ribeyro, José Revueltas. Selbst der noch junge Ruhm unseres Juan Carlos Onetti nimmt erst seit dem publizistischen Niedergang des "Booms" allmählich Formen an, dementsprechend auch langsamer, dafür aber um so sicherer und zuverlässiger. Onettis Bekanntwerden verläuft genau gegen den Strom.

Andrerseits fällt auf, dass die grossen (und mittleren) Autoren des "Booms" samt und sonders in Paris, London und Barcelona leben. Ist also der Anstoss für die grosse Publizität in Wirklichkeit von dort ausgegangen? Offengestanden glaube ich das nicht. Der europäische Literatenclan, der im allgemeinen in den Verlagshäusern gut verankert ist, bedient sich stets aller Mittel zur Abwehr von Literaturen wie der lateinamerikanischen, an deren ausgezeichnetes Niveau erstaunlicherweise heute keine der europäischen Nationalliteraturen heranreicht (ausser vielleicht der deutschen als einziger Ausnahme). Eines dieser Mittel, die natürlich nicht offen, sondern indirekt angewandt werden, ist beispielsweise die schlechte Übersetzerqualität (Vargas Llosa ist in dieser Hinsicht einer der am meisten Bestraften). Ein anderes: Die Herausgabe lateinamerikanischer Romane in der ungünstigsten Jahreszeit, nämlich mitten im Sommer — etwas, was sonst nur viert- und fünftrangigen europäischen Autoren vorbehalten ist. Wo also ist der "Boom" der lateinamerikanischen Erzählung wirklich entstanden? Einzig und allein in Lateinamerika, wo sich nämlich jenes hinterhältige, diskriminierende, zuweilen fast demütigende Vorgehen europäischer Verleger dank einem mehr als nur provinziellen Lesehunger in einen Erfolg erster Güte umwandeln liess. Dies vor allem in den grössten Verlegerzentren wie Mexiko, Sâo Paulo, Buenos Aires, Santiago de Chile und in letzter Zeit auch in Caracas. Allerdings enthielt dieser Erfolg paradoxerweise (nachdem er die europäische Demütigung überwunden hatte) seinerseits wiederum kolonisatorische Aspekte.

Als der "Boom" auf seinem Höhepunkt stand, das heissst vor vier Jahren, wies ich darauf hin, dass die Mehrzahl der grossen lateinamerikanischen Erzähler im freiwilligen Europa-Exil reif genug seien (an Erfahrungen ebenso wie in ihrer Kunst), um den Spannungen, Provokationen und Anreizen ihrer Umgebung standzuhalten. Aber ich fügte hinzu (und wiederhole hier wörtlich, weil ich in dieser Angelegenheit grundsätzlich immer noch der gleichen Auffassung bin): "Allerdings könnten einige dieser von aussen einwirkenden Druckmittel in irgendeiner Weise besonders den jüngsten der Geförderten schaden, die ihnen mit offener Erwartung und oft ehrlicher Bewunderung entgegenblikken. Aus sehr offenkundigen Gründen bringt die Verlagsindustrie der zunehmenden Zahl kreativer Schriftsteller grosses Interesse entgegen; als unmittelbare Konsequenz sieht sie einen fast märchenhaften Lesermarkt entstehen —

und damit verbunden fast unbegrenzte Möglichkeiten des Geschäfts. Im Hinblick darauf wurde ein Propagandaapparat aufzogen (insbesondere in Argentinien), der mit unfehlbarem Geschick auf verschiedenen Ebenen und Bereichen eingesetzt wird — vom einflussreichen Wochenmagazin 'für Kader' bis zur 'aufbauenden' Literaturkritik, die in einigen Fällen direkt oder indirekt von den Verlagshäusern selbst unterstützt wird; von den nicht immer vertrauenswürdigen Bestseller-Listen bis zum eigentlichen Werbeinserat; von der Klatschspalte bis zur diskret indiskreten Reportage. In einem Umfeld wie dem lateinamerikanischen, wo Stars nur sehr eingeschränkte Wirkungsfelder haben (eigentlich nur in Sport und Fernsehen, denn das Kino konnte in Lateinamerika nur an zwei, drei Punkten Fuss fassen), vermag diese Propagandawaffe in gewissen Fällen noch auf junge Leute einzuwirken; sie kann sogar zu einer merkwürdigen und widersprüchlichen Tendenz führen, zum Schreiben mit Blick auf den Nachruhm — wobei vom künftigen Ruhm natürlich irgendein Abglanz schon heute erwartet wird. In verschiedenen Ländern Lateinamerikas finden sich bereits junge und nicht mehr ganz junge Autoren, die ihr Augenmerk auf die 'ewigen Werte' richten und denen es in der Folge ganz natürlich erscheint, dass man sich dann nicht mehr zu kümmern braucht um so vergängliche und riskante Dinge wie das, was Dubuffet verächtlich die *Interessen des Allgemeinwohls* nennt."

Heute (ich schreibe das im Juni 1972) ist die Welle des "Booms" merklich abgeebbt. Und natürlich bleibt am Ufer nicht nur Schaum zurück. Es bleibt nichts weniger als ein so hervorragendes Werk wie *Cien años de soledad* und ebenso herausfordernde wie experimentelle Ergebnisse wie Rayuela oder *La casa verde*. Nur das bemerkenswerteste Buch, das die lateinamerikanische Literatur — meiner Meinung nach — hervorgebracht hat *(Pedro Páramo* von Juan Rulfo), gerade dieses Buch fehlt; ganz einfach, weil es während der grossen Welle nicht übersetzt worden ist.[3]

Pedro Páramo bedurfte nicht des "Booms", bedurfte nicht der "aufbauenden" Literaturkritik, nicht der Titelstories, nicht wohltönender Bekenntnisse individuellen Gutdünkens, nicht konterrevolutionärer Zungenfertigkeit, um zur

phantasievollsten Realität zu werden, die in dieser Weltgegend je erfunden worden ist.
Was beim Zurückfluten der Welle ebenfalls nicht — als soeben herausgekommene Neuentdeckung — an Land geschwemmt wurde, ist die grosse lateinamerikanische Lyrik. Der "Boom" vergass sie mitzubringen; vielleicht, weil die geschäftstüchtigsten Verleger mit ihrer Buchhaltungs-Fiction und vom Schreibtisch aus zur Überzeugung kamen, dass *die Poesie kein Geschäft* sei. Wie kann man das so genau wissen? Was würde passieren, wenn irgendein Verleger sich aufraffte und den Markt mit einem Lyrikband propagandistisch ebenso bombardierte, wie er es mit seinen Romanen tut? Die Dichter selber haben sich von der Propaganda überzeugen lassen. "Der kommerzielle Apparat richtet sich immer nach dem Roman, der Bestandteil des Handelns, eine Ware ist. Lyrik ist das nie gewesen", so Nicanor Parra. Und Jorge Enrique Adoum: "Natürlich ist man der Lyrik nie gerecht geworden, aber ich glaube nicht, dass dies ausschliesslich eine Frage des ökonomischen oder geschäftlichen Gebarens ist. Ich glaube eher, dass es am mangelnden Interesse an der Lyrik liegt." Juan Gelman meinte: "Unsere Gesellschaft wird immer anti-poetischer." Es sieht es allerdings wenigstens in einem anderen Zusammenhang: "Der Kapitalismus ist das Antipoetischste überhaupt, was die Menschheit je hervorgebracht hat, im weitesten Sinne des Begriffs, aber auch im technischen Sinn."
Etwas ist sicher: Die lateinamerikanische Lyrik braucht keinen "Boom", um eine hervorragende Stellung einzunehmen. Denn diese Stellung ist keine Neuentdeckung der soeben vergangenen Jahre. Vor Parra und Cardenal, vor Octavio Paz und Eliseo Diego, vor Gelman und Fernández Retamar hat es schon eine hervorragende Avantgardegruppe gegeben (Vallejo, Neruda, Huidobro, Guillén, Girondo), und vor dieser Avantgarde gab es zumindest noch Delmira, Darío und Martí. Zu einer Zeit, als die lateinamerikanische Prosa noch streng nach dem Schema eines von oben lenkenden Romanschöpfers verfuhr, bewegten sich die Dichter bereits frei experimentierend, offen für die natürlichen Strömungen menschlichen Zusammenlebens, un-

ermüdlich nachforschend auch im eigenen Innenleben. Als mit einer Verspätung von zwanzig oder dreissig Jahren die Erzähler dieses Kontinents begannen, die europäischen Vorbilder nachzuahmen, die nur langsam herüber gelangten (natürlich auf dem Seeweg), übten Dichter wie Rubén Darío, Vicente Huidobro und Pablo Neruda bereits einen Einfluss auf ihre noch traditionsbefangeneren europäischen Kollegen aus.

Der Durchbruch, der Erzählern wie Rulfo, Cortázar, Guimarâes Rosa, Onetti, Arguedas, García Márquez, Vargas Llosa, Carpentier gelang — am "Boom" teilhabend oder nicht — ist nicht allein Ergebnis ihrer unbestreitbaren Qualität, sondern ebenso eines *qualitativen Sprungs* und gewissermassen eines *Bruchs* gegenüber dem künstlerischen Beitrag etwa eines Gallegos, Güiraldes, Rivera, und auch jüngerer wie Mallea, Ciro Alegría oder Céspedes. In der Poesie gibt es keinen solchen Graben, da herrscht erstaunliche Kontinuität, obwohl auch sie sich in unaufhörlichem Erneuern ständig in Frage stellen kann.

Die modernen Erzähler treten in bezug auf ihre Vorläufer gewissermassen als Totengräber auf, die Lyriker aber betrachten sich als direkte, wenn auch widerspenstige und rebellische Nachfahren, letztlich aber doch als Söhne ihrer Vorväter, die nie vergessen, wieviel sie den verehrten Dichterkolossen der kontinentalen Poesie verdanken. Aber das Bedeutsamste ist, dass es in der Poesie — auch auf die Gefahr hin, mit der Entwicklung in der Prosa in Widerspruch zu geraten — keinen qualitativen Sprung gibt, sondern einen kontinuierlichen qualitativen Ablauf; da gibt es keinen Bruch, der den Rhythmus oder die Richtung des Schaffens grundsätzlich ändert. Die neuen Dichter experimentieren, wagen, führen an, aber dasselbe kann von ihren Vorläufern gesagt werden. Was sich verändert hat, ist die Sprache (sie wird immer freier) und der kommunikative Wert, nämlich eine zunehmende Offenheit der Poesie. Aber an der Lust am Experimentieren hat sich nichts geändert und noch weniger am eindringlichen Bemühen, unter die Haut und bis an die Knochen zu dringen. In der Prosa sind hervorragenden Vertreter von heute das Ergebnis einer tiefen Krise, in der nicht nur die Mittel, sondern auch die Zielsetzungen in Frage gestellt wurden; in der Poesie erwuchs das gegenwärtige bewunderswürdige Niveau aus einer Evolution. García Márquez, Rulfo und Cortázar bedeuten drei verschiedene Arten des Bruchs, der Absage an Einflüsse, die von Rivera, Azuela und Mallea ausgingen. Umgekehrt ist es in der Poesie, wo gerade Parra selbst — auch wenn er gelegentlich eine Anti-Neruda-Pose einnimmt — vom Dichter der *Residencia en la tierra* (1935) [4] das Vermächtnis der Sprache entgegennahm und es nie weder gebrochen noch geschmäht hat, sondern andere Dinge damit sagte, eigenständig und stark, bevor er es an Enrique Lihn weitergab, der es ebenfalls nicht zerstört, sondern bereichert hat. Und so liessen sich zweifellos noch viele fast parallel verlaufende Wege und Spuren aufzeigen, Stränge, die zur Zeit in entsprechende Werke von Idea Vilariño, Gelman, Adoum, Fernandez Retamar, Claribel Alegría, Carlos Germán Belli, José Emilio Pacheco, Milton Schinca, Circe Maia, Antonio Cisneros münden, die aber zweifellos auch wieder weitervererbt werden, sich vervoll-

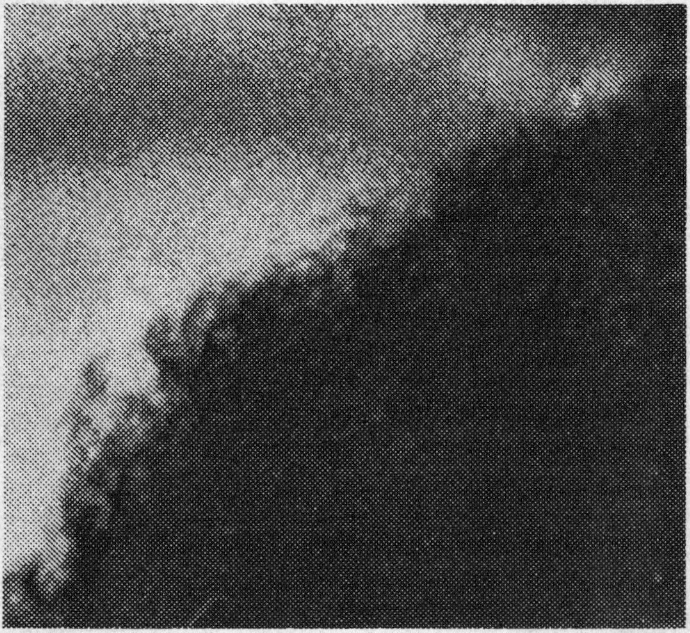

ständigen, neue Saat hervorbringen für neue Forscher und Entdecker. Während sich die Prosa mit Sprüngen und Feuerwerken, mit Erdbeben und Stürmen unserer Realität näherte, um endlich in sie ein- und aus ihr hervorzugehen, hat sich die Poesie im Gegenteil damit begnügt, ohne grossen Lärm unsere Geschichte und unsere Realität im Innersten zu durchwandern. Ihr Verlauf ist manchmal fast unsichtbar, aber sie ist immer vorhanden — wie ein unterirdischer Fluss, der auch andere Bereiche und Tätigkeiten nährt, darunter nicht zuletzt auch die Gestade der Prosa, die in ihren besten Blütezeiten unverkennbare Anzeichen poetischer "Unterwanderung" aufweist.

Der Titel dieses Buches hat darum eine doppelte Bedeutung. *Poetas comunicantes* bedeutet vordergründig das Bemühen der gegenwärtigen lateinamerikanischen Poesie, an ihre Leser heranzukommen, mit dem Leser zu kommunizieren, ihn in ihre Forschungen einzubeziehen, ihn am wagemutigen Unternehmen zu beteiligen, auch an den damit verbundenen Entbehrungen. Aber es will noch mehr besagen. Kommunizierende Dichter sind auch *kommunizierende Röhren.* Oder das Instrument (zumindest *eines* der Instrumente, zweifellos das am wenigsten publizierte), das verschiedene Epochen miteinander verbindet, verschiedene Umwelten, verschiedene Handlungen, verschiedene Generationen. Nicht umsonst trägt die lateinamerikanische Revolution in ihrem tiefsten Inneren einen Dichter (und was für einen Dichter!): José Martí wirkte in hervorragender Weise als kommunizierende Röhre zwischen Kultur und Revolution. Aber auch in jüngerer Zeit werden die prosaischen Revolutionen der Alten Welt — so bedeutsam und verwegen sie sein mögen, immer auch etwas verbiestert — plötzlich rückwirkend erhellt durch die Grossmütigkeit, Freude und Hingabefähigkeit lateinamerikanischer Revolutionäre. Che Guevara, Camilo Torres, Marighela und viele junge Revolutionäre, die in jüngster Zeit in unserem gemarterten Uruguay ihr Leben lassen mussten — sie alle sind kommunizierende Röhren eines revolutionären Willens, der einer immer noch blutigen Vergangenheit entspringt. Der simple Strich, unter dem die Bilanz jedes Holocausts zusammengezählt wird, dieser Strich ist Poesie.

"Es könnte auch bald einmal Überraschungen geben", prophezeite Gelman, "und das hängt vielleicht schon mehr von den Dichtern ab, in dem Sinn nämlich, dass dieses antipoetische Wirtschaftssystem eine Poesie der Revolution geradezu herausfordert."

Anmerkungen:

1 Dieser Text ist das Vorwort zu dem Reportageband *Los poetas comunicantes* von Mario Benedetti, Biblioteca de Marcha, Montevideo 1972.

2 Siehe Anm. 4, Seite 22

3 Für die deutschsprachigen Ausgaben siehe Anm. 14, 15, 28 und 29, Seite 126 f.

4 Dt.: *Aufenthalt auf Erden,* Neuwied 1984

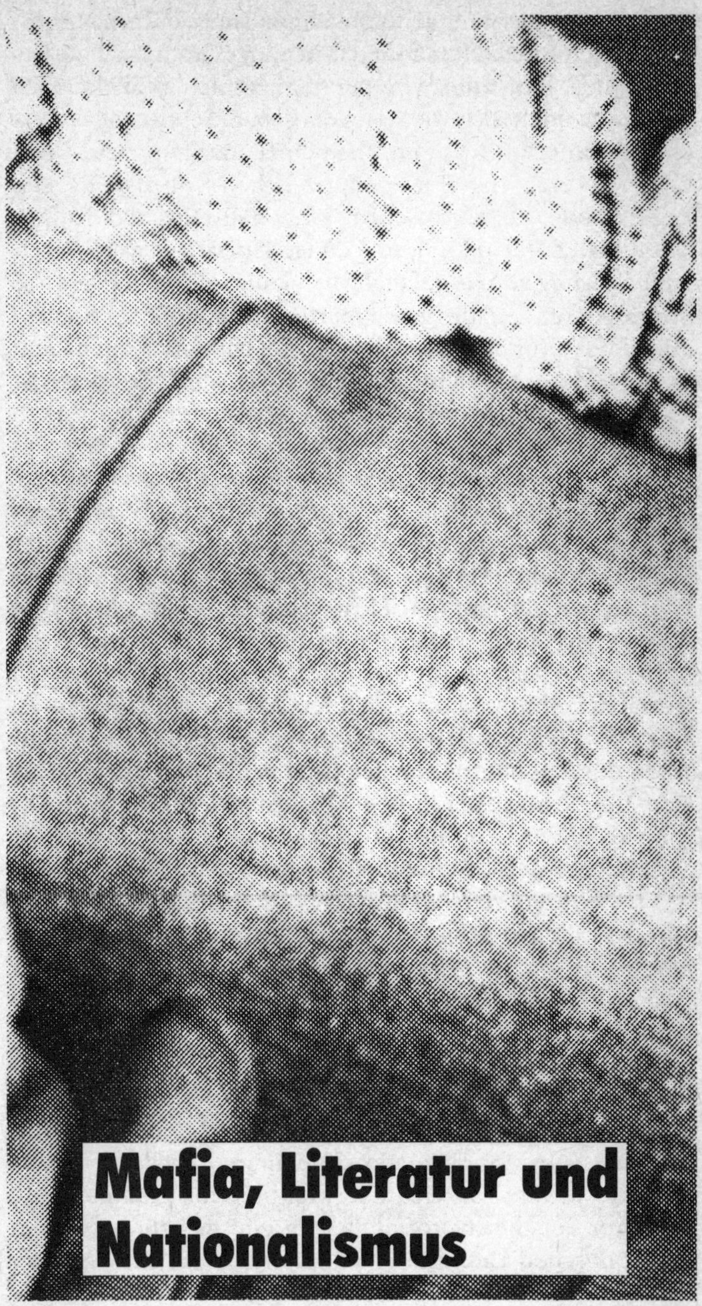
Mafia, Literatur und
Nationalismus

Nach einer Phase des kritischen Snobismus und eines oberflächlichen Internationalismus, die lange Jahre das Feld beherrschten, eingeführt von der sogenannten intellektuellen Mafia, wenden sich die mexikanischen Schriftsteller jetzt endlich ernsthaft anderen Themen zu, darunter sehr wichtigen wie etwa der Beziehung zwischen Schriftsteller und Politik, oder mexikanischem Nationalismus und Kultur. Mit etlicher Verspätung sind einige Aufsätze dieser Auseiandersetzung zu uns gelangt; man kann darin noch gewisse Spuren erkennen, die jene Oberflächlichkeit, jener Snobismus im kulturellen Leben Mexikos hinterlassen haben; Spuren, die auch heute noch sichtbar sind, nachdem die Umstände längst zu rigoroserem und reiferem Überdenken zwingen.

Es zeigt sich, dass Tlatelolco (1968) und Corpus (1971) [1] nicht umsonst geschehen sind. Es ist überhaupt im allgemeinen so, dass die Toten eines Volkes irgendwo auf der Welt unter anderem auch dazu führen, dass oberflächliches Lachen erstickt und der leichte Humor, der ironische Zynismus vergehen. In Mexiko ist offenkundig so etwas geschehen. Dies ist positiv zu werten, vor allem, wenn man in Betracht zieht, dass die Leichtfertigkeit und Flatterhaftigkeit der *Zona Rosa* (ein Viertel im Zentrum der Hauptstadt, das den internationalen Moden und Manien in höchstem Grade ausgeliefert ist) geradezu eine Beleidigung waren gegenüber dem Mexiko des Analphabetismus und der Misere, der Diskriminierung und der Unterentwicklung, das neben dem mit gewaltigen nordamerikanischen Investitionen industrialisierten Mexiko nur mühsam überlebt.

Die mexikanische *Mafia* war — und ist es noch weiterhin — eine in Lateinamerika fast einmalige Erscheinung. Octavio Paz ist ihr Gott, Carlos Fuentes ihr Prophet. Zu ihren hervorragendsten Mitglieder zählen auch der Maler José Luis Cuevas und so talentierte Schriftsteller wie Carlos Monsiváis, Juan García Ponce, Fernando Benítez, Tomás Segovia, Salvador Elizondo, José Emilio Pacheco, Marco Antonio Montes de Oca und praktisch die gesamte erste Garnitur der meistveröffentlichten und meistpropagierten mexikanischen Literatur. Die *Mafia* bedient sich in ihren (öffentlichen und privaten) Dialogen und Texten einer

Sprache eigener Verschlüsselung und macht ihre Mitglieder dadurch gewissermassen zu Komplizen einer gemeinsamen Haltung, die nichts als Verachtung aufbringt für die Massen der Bevölkerung und deren primitive Äusserungen eines gebrochenen Schweigens. Ihren Hauptsitz hatten diese Schriftsteller naturgemäss nicht in Puebla oder Guanajuato, sondern im fernen Paris. Die *Zona Rosa* ist im Grunde genommen eine europäische Nostalgie.

Die grosse Mehrzahl der Erzeugnisse dieser Literatur widerspiegelte ein Mexiko in der Krise, die zum notorischen Zustand wurde in Büchern wie *La región más transparente* (1958)[2] und vor allem *La muerte de Artemio Cruz* (1962)[3]; zweifellos das beste Buch von Carlos Fuentes). Aber als wir diese Gründertexte der *Mafia* zum ersten mal lasen, fand sich darin auch nicht die leiseste Andeutung an das, was heute in aller Schärfe zutage tritt, rückwirkend erhellt durch die späteren Ereignisse. Für jene mexikanische Krise hat man nicht nach mexikanischen Lösungen gesucht. Die Mafia attakierte — nicht etwa voller Wut, sondern eher mit zersetzender Ironie — die versteinerte, monumentale Rhetorik eines nachrevolutionären Nationalismus, der in bombastischem Schwulst überlebt hatte. Aber statt diesen falschen Patriotismus und Populismus schonungslos zu enthüllen und etwas anderes an seine Stelle zu setzen, indem sie die tieferen Zusammenhänge der lehrreichsten Traditionen wieder aufzeigte, mündeten die Vorschläge ins gegenteilige Extrem: Auflösung in einen oberflächlichen, verführerischen Internationalismus; was freilich nicht nur den Vorteil hatte, dass sich die Schriftsteller in Priester und Ministranten einer höheren Verblendung verwandeln konnten, sondern ihnen auch Ruhm, Übersetzungen, Preise, Stipendien, Reisen und propagandistische Förderung aller Art in Aussicht stellte. Der berühmte *Boom* war in Wirklichkeit die internationale Ausbreitung der *Mafia,* und nicht zufällig waren die Mexikaner seine entschiedensten und wirksamsten Promotoren.

Die Schaffung einer *internationalen* Literatur war nichts weniger als das ideologische Bestreben der *Mafia;* auch wenn die *Zona Rosa* die übrigen lateinamerikanischen Hauptstädte mit ihrem Tonfall nicht anstecken konnte, ge-

lang es ihr um so mehr, sich auf einige europäische Zentren auszudehnen, hauptsächlich in Paris und Barcelona, wo eine wachsende Gruppe lateinamerikanischer Literaten zum internationalen Ergötzen qualifizierte Lyrik und experimentelle Romane hervorbringt und sich nicht scheut, von Zeit zu Zeit ihre Meinung über die politische Realität unserer paradiesischen Landstriche und das alltägliche Lebensrisiko darin zum besten zu geben.
Carlos Monsiváis, eine der anerkannten Figuren der *Mafia,* hatte mit dem nötigen Weitblick erkannt, dass es Zeit sei, "uns vom toten Ballast dieses Nationalismus zu trennen und unserer Literatur mit einer internationalen Ausrichtung neues Leben zu geben (...), unsere Geschichtsbücher ein wenig zu vergessen und endlich einzusehen, dass der Konflikt nicht darin besteht, ein indianisches Völkerkundemuseum fortwährend einem spanischen Mutterfluch gegenüberzustellen oder dem Mestizentum Mythen und Motivation zu verschaffen; dass es vielmehr darum geht, eine Kultur zu erarbeiten, die aufhört, sich darum zu kümmern, woher sie kommt, indem sie sich vielmehr fragt, wohin sie führt". Wohin führt sie also?
Die Tageszeitung *La Opinión* in Buenos Aires veröffent-

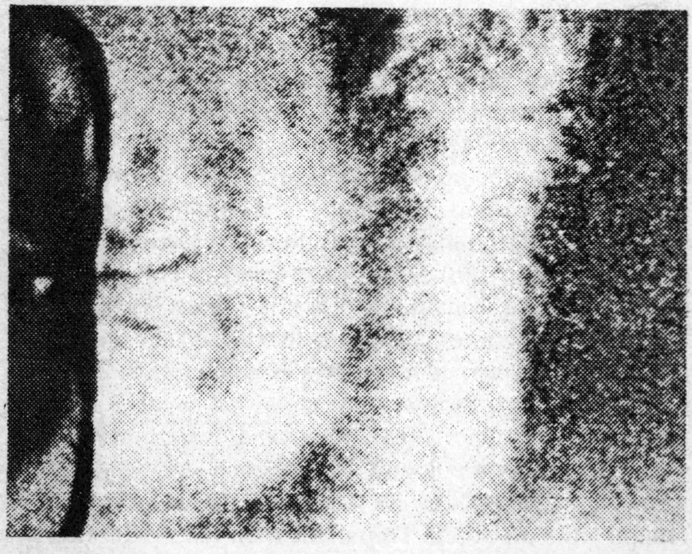

lichte in diesen Tagen als Nachdruck die Antworten von Octavio Paz, Tomás Segovia und Carlos Fuentes auf eine Umfrage zum Thema "Schriftsteller und Politik", welche die Zeitschrift *Plural* erhoben hatte. In den drei Antworten kommt im ganzen gesehen keine totale Übereinstimmung zum Ausdruck, was bereits ein erstes Anzeichen dafür ist, dass in der *Mafia* etwas im Gange ist. Sowohl Paz wie Segovia bezeichnen sich als entschiedene Anhänger eines offenen Abseitsstehens des Schriftstellers, Fuentes dagegen schlägt eine andere Variante vor: die permanente Kritik. Also ein Abseitsstehen, das sich nicht beim Namen nennt. Um Fuentes' Standpunkt vollumfänglich zu verstehen, muss man ihn im Zusammenhang sehen mit einem ausführlichen Artikel, den er einige Monate zuvor in *Plural* veröffentlicht hat: "Kritische Optionen im Hochsommerstadium unserer Unzufriedenheit"; er unterstellt darin, dass "die einzige Unterstützung, die ein Schriftsteller seiner Gemeinschaft geben kann, die Kritik" sei, "Kritik als Vernunft, Wissen und Repertoire von Optionen; Kritik an Irrationalität, Dogmatismus und Obstruktion".

Ohne Zweifel haben alle drei Stellungnahmen einen gemeinsamen Zug: die Tendenz, die mexikanische Gegenwart an der ausländischen Vergangenheit zu messen. In den Augen dieser drei hervorragenden Vertreter der *Mafia* haben in einer Beurteilung der Gegenwart ihres Landes ganz offenkundig der sowjetische Einmarsch in der Tschechoslowakei und der Stalinismus im allgemeinen grösseres Gewicht als die Schlächterei von Tlatelolco. (Es sei klargestellt, dass ich weder die *Posdata* (1970)[4] von Paz noch irgendeinen Artikel von Fuentes vergesse; ich beschränke mich hier jedoch auf die obgenannten Texte.)

In dieser neuen Epoche mexikanischer Selbsterforschung sorgen sich Paz, Fuentes und Segovia dermassen um den Stalinismus (eine Sorge, die zuweilen die verklärten Umrisse eines Albdrückens annimmt), dass man fast den Verdacht bekommt, diese Leidenschaft sei letztlich nur ein neuer Beweis der Entfremdung dem Fremden gegenüber, die der *Mafia* schon immer eigen war. Nicht zu vergessen, dass auch der Stalinismus europäisch ist. So wie sie sich entzünden können für das, was sie als das Positive an der europäischen Kultur werten, lassen sie sich verblenden vom Negativen. Nur so kann man sich erklären, dass die Erwähnung des Stalinismus bei ihnen immer eine Art geistige Panik auslöst, während eine solche Panik (zumindest in vergleichbarem Ausmass) sie natürlich nie zu erfassen pflegt, wenn sie einer Gefahr entgegentreten müssen, die in unseren Breiten näher und mehr zu fürchten ist: dem nordamerikanischen Imperialismus.

Da Paz und Segovia jedoch vertreten, dass der Schriftsteller abseits politischer Vorgänge stehen soll, mag ihr heilloser Horror vor dem Stalinismus möglicherweise nur eine andere Form sein, sich abseits zu halten, was nichts anderes bedeutet, als dass man ständig verzweifelt nach einem fernen, äusserlichen Mangel Ausschau hält, um damit Alarm zu schlagen. Im Zusammenhang mit Lateinamerika mag solches zumindest etwas unverhältnismässig erscheinen, da man hierzulande bis anhin nicht unter den Schrecken des Stalinismus zu leiden hatte (von einigen Parteigremien abgesehen — in Zeiten, die auch nicht mehr die jüngsten sind), wohl aber unter dem Druck und der Ausplünderung durch den Imperialismus und dies nicht nur im Umfeld einer Partei, sondern kontinentweit.

“Als Schriftsteller”, sagt Paz, “ist es meine Pflicht, mich von Staat, Parteien, Ideologien und selbst der Gesellschaft zu distanzieren.” Segovia seinerseits fragt: “Soll das heissen, dass jede Aktivität eines Schriftstellers unterschiedslos negativ sein muss? Nein. Es soll heissen, dass sie von ausserhalb her geschehen soll.” Wenn dem so wäre: warum dann nur die Aktivität des Schriftstellers? Warum nicht auch die Aktivität des Bankangestellten oder des Arbeiters? Wenn nun andere Kreise ihrerseits beschlössen (wir nehmen an, dass kein Grund besteht, warum nur Schriftsteller dieses Recht haben sollten), sich ausserhalb der Gesellschaft zu stellen; wenn andere Kreise beschlössen, sie nur noch von aussen zu betrachten — welche wären dann nach diesem Konzept noch gezwungen, im Inneren des gesellschaftlichen Terrains auszuharren, um dort den Klassenkampf voranzubringen? Oder haben die Schriftsteller den Klassenkampf vielleicht abgeschafft? Das Aussenstehen der Schriftsteller zu propagieren, ist ebenso absurd wie ungerecht. Aber möglicherweise entspringt es einem tiefen Pessimismus. Segovia geht so weit, Volk zu definieren als "das was nicht an der Macht ist"; und falls noch Zweifel bestünden an seinem Mangel an historischer Zuversicht, fügt er hinzu: "Nicht zu regieren ist für das Volk ein Recht." In unseren Breiten wären wir schön verkauft, wenn wir solchen Ratschlägen folgten. Wir meinen just im Gegenteil (und das ist der Sinn und der Ansporn unserer Kämpfe), dass das Volk das Recht zu regieren erobern und verteidigen muss. Es ist doch recht merkwürdig, wie Segovia sich mit einem solchen Destruktivismus als ein Schriftsteller der Linken ausgeben kann. Einerseits findet er in den Begriffen *Volk* und *Schriftsteller* Parallelen, um dann andrerseits zu erklären, das Volk sei seinem Wesen nach negativ, es sei lediglich *"Objekt* der Macht und der Politik". Man muss also in Rechnung stellen, dass seine Linksideologie, auf die er sich etwas zugute hält, eine starke Tendenz zur Niederlage hat. Mit anderen Worten: eine Linksideologie ohne Daseinszweck.

Wir aber glauben im Gegenteil, dass das Wesen des Volkes ganz klar positiv ist und dass das Volk Subjekt der Macht und der Politik werden muss. Was ist denn letzten Endes eine Diktatur des Proletariats? Würde sich der Schriftsteller in einer solchen auch abseits stellen und das politische Geschehen von aussen betrachten? Es ist zu hoffen, dass eine solche Absurdität in keinem anderen lateinamerikanischen Land Schule macht. Auch in Mexiko nicht, selbstverständlich, wo es immerhin jetzt Anzeichen dafür gibt, dass die *Mafia* allmählich vom politischen Prozess überholt wird. Wer weiss, vielleicht bleibt die *Mafia* überhaupt draussen; einmal an diesem Punkt des Abseitsstehens angelangt, wird es allerdings fraglich, ob ihr die jüngeren Schriftsteller (und auch ein paar nicht mehr so junge) weiterhin Folge leisten.

Mit dem Nationalismus geschieht vielleicht etwas Ähnliches. Die Mitglieder der *Mafia* mögen seinerzeit (im Gefolge der antinationalistischen Linie der Gruppe *Contemporáneos)* den populistischen und sterilen Patriotismus bekämpft haben, der den legitimen revolutionären Nationalismus der Maler um Orozco, Rivera und Siqueiros ablöste;

Romanautoren wie Azuela und Guzmán, Lyriker wie López Velarde, Essayisten wie Vasconcelos gehörten dazu. Aber die Tatsache, dass die offizielle Rhetorik und ihr verlogener Kontext jene Suche nach einer authentischen Volkskultur jeder Kraft beraubten, rechtfertigt nicht, dass die Mitglieder der *Mafia* sich jetzt, und sei es auch unabsichtlich, mit dem porfirianischen [5] Europäismus widerwärtigsten Angedenkens in irgendeiner Weise verschwägern. In einem Artikel, der ebenfalls erst kürzlich erschienen ist, aber bereits deutlich eine neue Haltung dem Thema gegenüber zum Ausdruck bringt — "Das Athenäum und die Mafia, zwei Formen der mexikanischen Kultur" [6] — meint auch Abelardo Villegas: Jener Europäismus "stellte ganz gewiss nicht unser Eintreten in einen kulturellen Universalismus oder Internationalismus dar, sondern war vielmehr der kulturelle Widerschein einer nationalen Kapitulation vor den europäischen Grossmächten und den Vereinigten Staaten". In dieser Lage, fügt Villegas hinzu, "bedeutete der Nationalismus einer revolutionären Kultur den aufrichtigen Akt der Anerkennung unserer wahren Lage, die dann zum Teil auch neu eingeschätzt und zum Teil überwunden werden konnte. Auch muss man klarstellen, dass die besten Vertreter jenes Nationalismus nicht nach einem lokalen Kolorit trachteten, sondern ernsthaft versuchten, die mexikanische Kultur in eine universale Kultur einzugliedern". Hat nicht Juan Rulfo in den Fünfzigerjahren das Gleiche versucht? Oder ein Jahrzehnt später Fuentes selber mit *La muerte de Artemio Cruz?* Oder ein Romanautor wie Sergio Galindo in *El bordo* (Das Wehr) und *La comparsa* (Die Komparse)? Oder Lyriker wie Jaime Sabines mit *Tarumba* und Efraín Huerta mit *El Tajín?* Auf der andern Seite — und Villegas weist unverhohlen darauf hin — kritisierten die Mitglieder der *Mafia* jahrelang die aufeinanderfolgenden Regierungen der PRI [7]; dessen ungeachtet lebte die ganze mexikanische Kultur-Szene (einschliesslich der *Mafia)* von grosszügigen Staatspfründen. Es geht hier nicht um die Lage in den sozialistischen Ländern, wo die kulturelle Aktivität wie jede andere vom Staat getragen wird. In Mexiko wächst das Privatunternehmertum ständig und das kapitalistische System konsolidiert — teils mittels schwülstiger Anrufungen der Revolution von Madero — mit jedem Tag mehr seine Gesetze und seine Fallstricke. Villegas schreibt: "Einige Mitglieder der neuen Kultur kritisierten vehement das alte Bündnis zwischen Staat und Trägern der revolutionären Kultur, aber als derselbe Staat auch ihnen seine Patenschaft anbot, lehnten sie nicht ab, sondern erklärten vielmehr, es bestünde keinerlei Widerspruch zwischen ihrem Streben nach Unabhängigkeit und der wirtschaftlichen Weihe und Sicherheit, welche ein solches Patronat verleihe. In Mexiko vergibt der Staat Auszeichnungen für Wissenschaft, Kunst und Literatur; er verfügt über die höchste Institution kultureller Weihen, das "Colegio Nacional"; er produziert selber Kultur via "Instituto Nacional de Bellas Artes", Sozialversicherung und verschiedener Abteilungen des Ministeriums für Bildung und Erziehung und des Aussenministeriums; dem Staat unterstehen offen oder indirekt eine Reihe von Publikationen; ferner ist er in der Lage, Intellektuellen und Künstlern parakulturelle Beamtensessel anzubieten, falls sie in ihrem Beruf kein genügendes Auskommen finden oder dieses verbessern möchten. Mit einem Wort, der mexikanische Zentralismus ist auch bezüglich des Systems der Einrichtungen zur kulturellen Legitimation wirksam."

Wenn in der mexikanischen Kulturszene solche Themen aufgegriffen werden, dürfte das einer Sanierung sehr förderlich sein. Vor allem, wenn es ohne modischen Tic geschieht, ohne die Verpflichtung zum leicht Genialischen, ohne die esoterische Sprache, welche in den vergangenen zehn Jahren das intellektuelle Leben Mexikos gekennzeichnet hat. In Begriffen, die nicht mehr literarischer, sondern menschlicher Sprache angehören, lässt sich alles wieder reparieren, und es ist nicht auszuschliessen, dass auch die *Mafia* eines Tages ihre Lektion in Bescheidenheit lernt. Vor allen Dingen aber ist nicht auszuschliessen, dass diese spektakuläre und sprengende Erfahrung den jungen Intellektuellen und Künstlern in Mexiko als unvergessliche Lehre dienen und sie in die Nähe des Eigenständigsten und Wertvollsten der modernen mexikanischen Literatur führen wird. Ich denke dabei natürlich an Juan Rulfo.

Es hat viele Vermutungen über die Gründe gegeben, die Rulfo, den Verfasser zweier ganz aussergewöhnlicher Bücher *(El llano en llamas* und *Pedro Páramo)* bewogen haben könnten, in dieser unvergleichlichen Arbeit nicht weiterzufahren [8]. Ist wirklich noch niemand auf die Idee gekommen, die Aura des grossen *Mariachi,* welche die *Mafia* um ihn herum aufgebaut hat, könnte dem grössten Erzähler Lateinamerikas ein Hemmschuh gewesen sein? Einmal an diesem Punkt angelangt, dürfte es freilich schwierig sein — auch wenn Verhältnisse sich ändern können —, dass der Erschaffer von Comala wieder in seine wunderbare und unverwechselbar mexikanische Welt zurückfindet. Dennoch bin ich zuversichtlich, dass der langersehnte "dritte Rulfo" schliesslich von jungen Autoren geschrieben wird, die nicht nur durch Comala, sondern auch durch Tlatelolco gegangen sind.

Anmerkungen:

1 *Tlatelolco* (1968) und *Corpus* (1971): Operationen der mexikanischen Repressivkräfte. Dem Massaker auf der "Plaza de Tlatelolco" fielen Hunderte von Studenten und Arbeitern zum Opfer.

2 Dt.: *Landschaft in klarem Licht,* München 1981

3 Dt.: *Nichts als das Leben,* Frankfurt/M 1981

4 Essay, der unter dem Eindruck der Ereignisse von Tlatelolco entstanden ist und eine (selbst)kritische Wertung von Paz' bekanntestem Essay-Band *Das Labyrinth der Einsamkeit* (1950, dt. 1970) enthält.

5 Nach Porfirio Díaz, dem langjährigen, sehr nach Europa (insbesondere Frankreich) orientierten mexikanischen Diktator, der durch die Revolution von 1910 gestürzt wurde.

6 In: *Revista de la Universidad de Mexico,* Nr. 10, Juni 1970

7 PRI: Partido Revolucionario Institucional (Institutionelle Revolutionspartei), in Mexiko seit Jahrzehnten und mit Ausschliesslichkeit an der Macht.

8 *Der Llano in Flammen* und *Pedro Páramo,* München 1984. Juan Rulfo (geb. 1918) hat seine beiden grossen Erzählungen 1953 bzw. 1955 geschrieben. Abgesehen von einigen Filmskripts und -bearbeitungen ist der Erzähler Rulfo seither verstummt.

Der wütende Angriff auf die Kultur

In einem Prozess des fortschreitenden Faschismus, wie er gegenwärtig in Uruguay im Gang ist, [1] wird Kultur natürlich ein zweitrangiges Thema. Auch für den Imperialismus bedeutet Kultur nichts weiter als der Oberbegriff für eine soziale Schicht, die es zu neutralisieren gilt. Die mächtigen kolonisierenden Institutionen der Wirtschaft pflegen die Kultur nicht, sondern speisen sie mit Almosen aus ihren einstmals hochgelobten Stiftungen, die schon äusserlich einer schmutzigen Basarhöhle immer ähnlicher sehen. Sowohl dem Imperialismus wie der einheimischen Oligarchie (letztere bemüht, die Absicht zu verschleiern) geht es vor allen Dingen ums *Abbremsen* allfälliger kultureller Prozesse, die in einer ihrer Faktorei-Republiken eingeleitet werden könnten. Sie wissen, dass ein Volk, je besser alphabetisiert, geschult und informiert, desto sicherer sich in ihren unbeugsamen Feind verwandelt.
Die lateinamerikanische Kultur kommt dem Imperium schon durch ihr blosses Vorhandensein wie eine ständig drohende Verführung vor, wie eine potentielle Guerilla, eine Wette auf eine gerechtere Zukunft. Es gilt daher, sie in Spezialfächer einzuschliessen und mit bemessenen Finanzmitteln zu erreichen, dass sie baldmöglichst zur Besinnung komme und sich von den Realitäten abwende; mit gezielten finanziellen Unterstützungen werden im Unterstützten ethische Widersprüche in Gang gesetzt, die seinen heftigen Attacken und seinen unbarmherzig radikalen Anklagen die Spitze bricht.
In einem wahrhaft menschlichen, sozialistischen Konzept zählt die Kultur zu den Grundlagen, ist sie sozusagen ein Sprungbrett zum revolutionären Bewusstsein, zum vollentfalteten Individuum. Anders in einem Regime, das sich der Kosmovision des Imperiums unterstellt: Da ist die Kultur keine vorgeschobene Front, sondern kommt an vierter, fünfter Stelle; da wird sie gespiesen aus den Überbleibseln anderer Finanzprojekte, aus Dividendenerträgen und Reservefonds. Natürlich dürfen wir nicht zulassen, dass diese kolonialistische, der Unterentwicklung Vorschub leistende Auffassung überhand nimmt. Kultur, in der revolutionären Auffassung muss — in jedem Land und zu jeder Zeit — die Revolution selbst zu ihrem wichtigsten und entscheiden-

sten Kulturereignis machen. Denn sie ist das einzige Ereignis das fähig ist, Kultur wieder zu einem Allgemeingut zu machen, in ein erstrangiges gesellschaftliches Bedürfnis zu verwandeln. Ohne Revolution bleibt Kultur immer Privileg, auf einer Ebene, zu der die Gesellschaft als Gesamtes keinen Zutritt hat. Ohne Revolution bleibt Kultur auch noch in ihren positivsten Erscheinungen ein von der herrschenden Klasse geschaffenes und gehandhabtes Instrument und daher direkt oder indirekt deren Interessen unterworfen. Natürlich gibt es immer wieder Leute (oder Organisationen) in der Kulturszene, die zu kollektivem Nutzen Werke von gesellschaftlicher Bedeutung zustandebringen, abet solche Projekte müssen zwangsläufig gegen den Strom des Systems realisiert werden, unter Ausnützung jeder sich bietenden Gelegenheit. Im allgemeinen entstehen sie aus individuellem Antrieb und Schaffensdrang. Allgemein also gilt: Je mehr wir zu einer wirksamen revolutionären Umgestaltung beitragen, desto eher nähern wir uns einer Kultur, die uns alle und als ganzes Volk umfasst. Jene Studenten, die für diesen revolutionären Umbruch ihr Leben liessen — Líber Arce, Susana Pintos, Hugo de los Santos, Zabalza, Cultelli, Salerno, Nieto, Espósito, Ibero Gutiérrez und andere — sie starben auch für unsere Kultur. Denn eine Kultur ohne Freiheit, eine Kultur mit Maulkorb und Misere verbunden, ist immer unterdrückte Kultur, bedrängt, geschwächt und missachtet.
Mitte 1971 regte das Schriftstellerkomitee des *Frente Amplio* in einer von allen einstimmig gutgeheissenen Erklärung an, dass seine Mitglieder sämtliche offiziellen Literaturwettbewerbe (sowohl als Teilnehmer als auch als Jury-Mitglieder) vollumfänglich boykottierten. Sie brachten damit — übrigens dem Beispiel der bildenden Künste folgend — ihre Ablehnung der Regierungspolitik zum Ausdruck, weil sie verstanden hatten, "dass der historische Einsatz der Volkskräfte in einen opferreichen Kampf gegen das Regime selbstverständlich die Intellektuellen miteinschliesst und von ihnen nicht nur eine immer entschiedenere und militantere Haltung bezüglich dem Gebot der Stunde abverlangt, sondern seiner Natur nach jenseits aller Berufsinteressen steht".

In jenem Augenblick war klar, dass der Aufruf in erster Linie politischen Charakter hatte, aber er stellte auch eine ethische Massnahme dar und im nachhinein bekam er noch zusätzlichen Stellenwert. Auf den letzten Etappen ihres Zerfallsprozesses ist der politische Stil der traditionellen Parteien gekennzeichnet durch ein völliges Auseinanderklaffen von Worten und Taten, Versprechen und Ausführung, Äusserungen und Verhalten. Die meisten Berufspolitiker lassen inzwischen ihrer Volksverachtung freien Lauf und verzichten auf allen moralischen Flankenschutz. Und sie gehen immer weiter in ihrer Doppelzüngigkeit, erschaffen — sei es durch eigene Zungenfertigkeit oder durch die ihrer gehorsamen Diener — aus Wörtern ein ganzes Reich, ein rein verbales Märchenland, wo alles wie in Tausendundeiner Nacht läuft. Wahrlich schade, dass inzwischen das reale Land, das schweigende Land der Tat und Arbeit, sich so hartnäckig weigert, einzustimmen in die enthusiastische Proklamation optimistischer Adjektive, in die Euphorie langfristiger Prognosen, ins Delirium offizieller Verlautbarungen.

Es war daher von besonderer Bedeutung, dass gerade die Schriftsteller, die Spezialisten des Wortes, beschlossen, ihre Worte wieder in Einklang mit ihren Taten zu setzen; nicht weil ihnen zahlenmässig besonderes Gewicht zukommt (sie sind verhältnismässig wenige), sondern weil das Wort ihr Werkstoff ist; und weil sie sich mitunter schon aus beruflicher Deformation leicht verführen lassen durch Wortbrillanz. Tief in ihrem Inneren muss da noch etwas wie Weisheit sitzen, unsichtbar, aber einflussreich, muss es einen ethischen Zusammenhalt geben, einen aufrichtigen Willen , dem Land wirklich zu dienen, und nicht nur verbal, sondern mit Instrumenten, die — auch wenn sie noch nicht zu voller Reife entwickelt sind — doch die Möglichkeit in sich bergen, im Bedarfsfall rasch, geschärft und gereinigt, zur Hand zu sein, um dem revolutionären Rhythmus des Volkes angepasst zu werden, der bestimmenden und ausschlaggebenden Instanz.

Diese ethische Haltung verträgt sich nicht mit puritanischen Mustern aus Lug und Doppelmoral, sondern muss kreativ und phantasievoll sein, muss auch fähig sein, aus dem Hergebrachten das, was noch fruchtbar werden kann, zu verwenden und andrerseits unablässig neue Kanäle graben, die ein freies, natürliches Einströmen in die Bevölkerung ermöglichen, in die dringend notwendige Wiederaufbauarbeit in allen Bereichen des Landes, vom Moralischen bis zum Ökonomischen. Ethik mit Phantasie verbunden, um dem unerschöpflichen Erfindergeist des Volkes, der nur auf einen Anlass wartet, der Anregung und Vertrauen braucht, freien Lauf zu verschaffen. Ethik mit Phantasie ist auch notwendig, um in aller Deutlichkeit zu begreifen, dass kein kulturelles Umbruchkonzept, kein Einbeziehen des Volkes in die Kultur und umgekehrt einen Sinn haben und glaubwürdig wirken können, solange nicht mit dieser Gesellschaft der Privilegien Schluss gemacht wird, solange nicht soziale Gerechtigkeit herrscht. Phantasie mit Ethik braucht es ferner, damit jeder Intellektuelle, der sich revolutionär nennt, wisse, dass für ihn wie für jeden anderen Militanten gilt, dass die Revolution Vorrang hat. Auch das ist ein Beitrag — vielleicht ein realistischerer als jeder andere — zur kulturellen Entwicklung: ein kultureller Beitrag. Die Reaktion hat sich zu allen Zeiten und überall auf Unwissenheit und Analphabetismus gestützt, auf geistige Finsternis. Die einheimischen Oligarchien genauso wie der Imperialismus liessen nie einen Zweifel daran: Je geringer das kulturelle Niveau der unteren Volksschichten, desto geringer der Anreiz zu Aufstand, Rebellion, zu sozialen Kämpfen und letztlich zur Revolution — dieses böse Wort, das ihnen den Schlaf raubt und ganz zum Schluss auch das Land, die Bank, die Macht.

Glücklicherweie hat die Linke weltweit die menschliche Dimension der Kultur immer klar erkannt, auch wenn sie manchenorts verstreut arbeitet und oft noch mit anderen Problemen konfrontiert ist. Für alle bisherigen Revolutionen, kaum an die Macht gelangt, war die erste Sorge eine massive Alphabetisierung und eine rasche Entwicklung des kulturellen Niveaus.

Lange vor den Umbrüchen, die heute im Gang sind, nämlich im Jahre 1876, äusserte José Pedro Varela seine Sorge folgendermassen: "Wenn Unwissenheit Schuld trägt an einer defekten politischen Organisation und wenn jede per-

fekte politische Organisation für ihr reibungsloses Ablaufen in der Gesellschaft einen bestimmten Bildungsgrad voraussetzt, so entspricht das der Beobachtung, dass jedes unwissende Volk schlecht regiert wird." Heute könnten wir ergänzen, dass eine hinsichtlich sozialer Gerechtigkeit schlechte Regierung vom Standpunkt des Imperiums und seiner Lakaien aus gesehen eine "gute" Regierung ist.
Das kulturfeindliche Verhalten des Regimes ist auf alle Fälle verständlich. Wenn es einen Sektor gibt, der sich in überwältigender Mehrheit gegen die Diktatur ausgesprochen hat, so sind es die Künstler und Intellektuellen. Maler, Musiker, Theaterleute, Schriftsteller und so weiter haben wiederholt ihrer Ablehnung der Regierungspolitik Ausdruck gegeben; in einigen Fällen haben sie sich bereits geweigert, an offiziellen Wettbewerben als Jurymitglieder zu amtieren, oder liessen verlauten, dass sie allfällige Angebote zurückweisen würden.
Es ist offenkundig, dass die jüngsten offziellen Kunstausstellungen lamentable Begabungslosigkeit und Mittelmässigkeit zur Schau stellten, da die wirklich wichtigen Figuren nicht mehr vertreten waren. Und um in Literaturwettbewerben die Zahl der Jurymitglieder zu vervollständigen, dies nach Ernennung der wenigen rechtsstehenden Schriftsteller von einigem Rang, musste auf praktisch unbekannte oder mit der Materie zu wenig vertraute Personen zurückgegriffen werden, was zur Folge hatte, dass solche Kollaborateure auch nicht davor zurückschreckten, den ersten Preis in Lyrik dem Minister für Kultur und Erziehung allerhöchstdaselbst zuzusprechen.
Die städtische Theaterintendanz erlässt Aufführungseinschränkungen für das Nationaltheater und sagt in einer diesbezüglichen Resolution wörtlich: "Es ist die Pflicht der Herren Schauspieler, ihre Rollen mit grösster Hingabe zu studieren und darzustellen, wobei sie sich strikt an die Texte zu halten haben." Und unerschrocken fährt sie fort: "Darunter ist der Text zu verstehen, der vom Autor selber stammt. Weiterhin untersagt bleiben, ohne vorhergehende Abklärungen und ausdrückliche Genehmigung durch die städtische Intendanz, jegliche Abänderung, Weglassung oder Hinzufügung, die ein Denken zum Ausdruck bringen,

das im Werk nicht enthalten ist." Mit andern Worten heisst das, dass wir jetzt den Shakespeare endlich einmal in der vollständigen Fassung zu sehen bekommen und nicht so, wie ihn diese verhetzten, aufrührerischen offiziellen englischen Ensembles spielen, die ganze Akte weglassen — möglicherweise weil ihre Stadtverwaltung es einfach noch nicht gemerkt hat.

Vierundzwanzig Stunden nach diesem inquisitorischen städtischen Erlass leitartikelte *El País* [2] über die "Mörder der Kunst" — unter stillschweigender Voraussetzung, dass besagte Kriminelle natürlich die intellektuellen Landsleute seien. Über weit weniger metaphorische Mörder wie etwa jene, die heimtückisch Líber Arce, Jorge Salerno, Héber Nieto, Ramos Filippini oder Ibero Gutiérrez beiseitegeschafft hatten, oder gar über jene, die "zum Zeitvertreib" weitere elf Opfer hinschlachteten, ereifert sich die Zeitung nicht, geschweige denn befasst sie sich damit. Das bewegt sie nicht im leisesten. *El País* wird vielmehr aufgerüttelt und gerät ausser Rand und Band über "Kunstmörder", als da sind: Schriftsteller, Sänger, Musiker, Theaterleute und Adepten, die "ein Werk nehmen und es verstümmeln und durchlöchern". (Wie muss denn das Delikt zum Beispiel von Folterern beurteilt werden, die mit Unterstützung des Regimes nicht ein Werk, sondern ein Menschenwesen — Werk Gottes, wie sie sagen würden — nehmen und es ebenfalls verstümmeln, durchlöchern und sogar umbringen!)

Da ist zum Beispiel auch zu lesen: "1971 war das Jahr, in dem die 'engagierte Literatur' in unserem Land zurückging; die wenigen Titel, die in den Buchhandlungen noch polemisch ihre Nasen über den Rand der Gestelle erhoben, brachten es nur noch auf lächerlich geringe Auflagen, in einem Fall auf 50, in einem andern auf 2500 Exemplare. Was besagt, dass sie nicht einmal von einer minimalen Leserschaft gefragt wird." Wie immer lesen diese Leitartikler natürlich ihr eigenes Blatt nicht, in dessen Sonntagsbeilage mehrere dieser *engagierten* Werke wochenlang auf der Bestsellerliste standen, einige davon vergriffen und wieder aufgelegt. Ausserdem: Wenn in Uruguay nicht mehr engagierte, nonkonformistische oder auch einfach redliche Literatur erscheint, dann deshalb, weil die Regierung, deren Loblied die gleiche Zeitung täglich singt, dem nationalen Buch jeglichen Schutz entzogen hat, weil sie indirekt den Papiertrust unterstützte und die politische Zensur verhängt hat. In einem Jahr der Repression, in dem auch das wenige nur wie durch ein Wunder überleben konnte, den linken Autoren vorzuwerfen, sie hätten zuwenig engagierte Bücher herausgebracht, beweist höchstens Unmut und Verärgerung über die nichtoffizielle Kultur, was freilich angesichts der erdrückenden Präsenz offizieller Unkultur verständlich ist — angefangen von der volkswirtschaftlichen Katastrophe bis zur Hasskampagne gegen die Universitäten.

Es ist bezeichnend, dass diese Leute Kultur nur in klingender Münze, an bezahlten Eintritten messen können. Daher die Meldung über einen angeblichen Besucherrückgang bei Theatervorstellungen. Aufgrund ihrer Berechnungen gab es 1970 2103 Aufführungen und 462'300 Zuschauer, 1971 dagegen 3033 Aufführungen mit 436'531 Besuchern; daraus wird kurzerhand geschlossen: "Aus diesen Zahlen geht hervor, dass es 1971 930 Aufführungen mehr gegeben hat, jedoch 25'769 Zuschauer weniger. Diese Zahlen müssten den Verantwortlichen dieses *Debakels* zu denken geben. Der Grund dafür liegt ohne allen Zweifel im engagierten Theater, das mit wenigen Ausnahmen das ganze Jahresprogramm monopolisiert hat; diese Zahlen, zusammen mit weiteren Indizien, beweisen, dass dies weder Stimmen noch Theaterbesucher einbringt."

Unerwähnt bleibt, dass 1971 das uruguayische Theater alle seine Anstrengungen und Fähigkeiten in den Dienst der politischen Sache gestellt hat, was wohlverstanden unserem Volk zugute kam. Das Theater gelangte in dieser Absicht in die abgelegensten Viertel Montevideos und in die hintersten Winkel des Landes. Das Problem ist, dass diese Hunderten von Vorstellungen (vor Zehntausenden von Zuschauern) gratis waren und deshalb in der Statistik von *El País* nicht erscheinen konnten. Die Oligarchie wird nie verstehen können, dass jemand Stunden um Stunden seiner Arbeit, seines Schlafes gratis geben kann, ohne eine andere Entschädigung dafür zu erwarten als die Befriedigung über einen bescheidenen Beitrag an eine Sache, an die man glaubt. Vielleicht mangelt es ihr im tiefsten Inneren an Glauben an die ruchlose Sache, die sie verteidigt? Jedenfalls vermochte sie eine bestimmte Grosszügigkeit im menschlichen Handeln nie zu fassen. Sie kann nur an eine Welt glauben, in der alles bezahlt, gekauft und verkauft werden kann, wo alles Geldwert hat, wo alles über Kassen läuft, wo alles den Egoismus und die ganze Schäbigkeit der Freien Welt enthüllt. Aber lasst uns weiterhin glauben, dass es noch andere Motivationen und Antriebe des Denkens und Handelns gibt, andere als nur materielle Anreize, nämlich manchmal auch noch moralische.

Seien wir realistisch. Wen interessiert es schon, dass eine Jury von Kollaborateuren den ersten Preis in Lyrik dem zuständigen Minister verleiht? Wen kümmert es ernstlich, dass *El País* nur eintrittzahlende Theaterbesucher verbucht und nicht die, die eine Vorstellung wirklich schauen und hören kommen? Es gibt eine Welt, die sich bewegt und wandelt, die lebt und kämpft, und die in solchen Statistiken nicht figuriert. Eine Welt am Rande der offiziellen Fahrbahn. Anscheinend hat die wahre, die fruchtbare Kultur, die allem zum Trotz im Lande existiert, in einem legalen Uruguay der Fluchtgelder-Bankiers, der Viehzüchter-Minister und der Zensur-Intendanten keinen Platz, passt nicht ins immer beschränktere Feld des noch Erlaubten, des Gefälligen, Süsslichen, Kriecherischen. Damit wir uns nicht allzusehr mit ihnen befassen müssen, werden wir wohl die wahre Kultur mit in den Untergrund nehmen müssen.

Es ist nicht unwahrscheinlich, dass in den Schaufenstern und Gestellen der Buchhandlungen bald nur noch die ministeriale Lyrik, einsam und preisgekrönt, übrigbleibt. Aber jene andere Kultur, in der das Volk Protagonist ist, wird weiterleben, von Mund zu Mund weitergesagt, brüderlich Hand in Hand weitergereicht, unerschöpflich — von Orientale zu Orientale [3]

Maulkorb-Erlasse, gefälschte Statistiken, preisgekrönte Minister. Das sind nur kleine Ausschnitte, lediglich die Konsequenzen eines oligarchischen Kulturkonzepts, und sie stehen sicher nicht im Widerspruch zur wirtschaftlichen

Kapitulationspolitik und zur Kniefalltaktik vor dem Imperialismus. Aber bevor wir uns ans Überpflastern kleinerer Desaster machen, müssen wir über die Frage der Kultur möglichst ins Klare kommen. Wir müssen Kultur einfügen in ein neues Konzept von öffentlichem Leben, in die aktive, dynamische, phantasievolle, kreative Teilnahme des Volkes selbst. Eines Tages wird man dann wohl auch so brüchige, anachronistische Mechanismen wie Kulturpreise (die verhängnisvoller- aber auch begreiflicherweise ins Leere zu fallen pflegen) einfach über Bord werfen können; man wird sie ersetzen können durch grossangelegte Möglichkeiten zur fruchtbaren Arbeit für den nationalen Künstler, durch die Schaffung von Literatur- und Kunst-Werkstätten, durch die Umwandlung von Gemeindebibliotheken in wirkliche Zentren kulturellen Zusammenlebens, und nicht zuletzt auch dadurch, dass viele Veranstaltungen, die sich bislang nur im Rahmen der Hauptstadt entwickeln konnten — Theater, Literatur, Malerei und so weiter — ins Landesinnere hineingetragen werden. Vielleicht müsste die Parole heissen: Partizipation! Und es ist klar, dass zu diesem Zweck die Kultur selber auf der Stufenleiter der Lebensbedürfnisse ganz neu bewertet werden muss.
Von welcher Seite wir das Problem auch angehen, wir kommen immer wieder auf dasselbe: dass hier und überall auf der Welt das wichtigste kulturelle Ereignis immer die Revolution sein wird.

Anmerkungen:

1 Gemeint ist natürlich die Gegenwart dieses Textes, nämlich 1972.

2 *El País:* Regierungstreue uruguayische Tageszeitung, nicht zu verwechseln mit andern Zeitungen gleichen Namens.

3 Uruguayer. Der Begriff "Orientale" stammt aus der Kolonialzeit, als das heutige Uruguay *Banda Oriental* (östlicher Landstreifen) genannt wurde.

Lesenswerte Bücher aus dem rotpunktverlag

Mario Benedetti
Literatur und Revolution
Essays. Lateinamerika. 176 S., Fr. 16.80/DM 18.80, ISBN 3-85869-033-3, franz. Broschur

Wenn Benedetti (Uruguay) sich auseinandersetzt mit Literatur, mit Dichtern, Intellektuellen und sonstigen Kulturschaffenden, ist es immer auch eine Auseinandersetzung mit sich selber: er prüft sein (unser) Verhältnis zur Revolution. Er fragt, ob wir sie im tiefsten Grunde für "möglich" halten. Also machbar. Das heisst: mehr als nur erstrebenswert. Eine Notwendigkeit. Benedetti ist einer der meistgelesenen Autoren in Lateinamerika. Nachdem auf Deutsch Romane, Erzählungen und Gedichte übersetzt sind, liegt hier zum ersten Mal der Essayist Benedetti vor.

Roque Dalton
Armer kleiner Dichter der ich war
Roman, ca. 32o S., ca. Fr. 24.80/DM 27.80, ISBN 3-85869-034-1, franz. Broschur

"Ich bin auf dem Weg der Poesie zur Revolution gelangt", schrieb der salvadorianische Dichter und Revolutionär Roque Dalton. Diesen Weg der Poesie, der zur Revolution führt, beschreibt er in seinem stark autobiographischen Roman. Der Komplexität des Unternehmens entsprechen die darstellerischen Mittel, bei Dalton beinahe unbegrenzt! Er war an vielen Orten zu Gast und hat viele Male Abschied genommen. Dieses Buch ist der Abschied von dem zugleich geliebten und verachteten Dichterlein, das er war. Als der Guerillero, der er auch war, wurde er 1975, ein Jahr vor Erscheinen dieses Buches, auf tragische Weise ermordet.

Pierre Harrison
Das Nestlé-Imperium
Ca. 320 S., ca. Fr. 28.-/DM 31.-, illustr., franz Broschur

Harrison legt in seinem Buch die erste umfassende, kritische Darstellung der Strukturen und Praktiken des grössten Nahrungsmittel-Multis der Welt vor. Die französische Ausgabe von 1983 wurde vom Autor überarbeitet und aktualisiert.

Stefan Studer
Nationalstrasse — Nationalstrafe
Macht und Ohnmacht im schweizerischen Nationalstrassenbau, 176 S., illustr., franz. Broschur, Fr. 16.80 DM 18.80

Otto Marchi
Schweizer Geschichte für Ketzer
oder die wundersame Entstehung der Eidgenossenschaft, 208 S., Grossformat mit vielen Bildern, Fr. 29.-/DM 31.-, ISBN 3-85869-035-X

Neuauflage des vergriffenen gewesenen "Longsellers" über die Schweizer Geschichte

Ueli Mäder
Sanfter Tourismus: Alibi oder Chance?
Die Schweiz ein Vorbild für Entwicklungsländer?, illustr., 224 S., Fr./DM 18.-, ISBN 3-85869-030-9

Reisen ist etwas Schönes. Auch eine Chance sich von Bekanntem zu lösen und Neues kennenzulernen. Bloss, wie können wir sie wahrnehmen, ohne Schaden anzurichten?